BEI GRIN MACHT SIC
WISSEN BEZAHLT

- Wir veröffentlichen Ihre Hausarbeit, Bachelor- und Masterarbeit

- Ihr eigenes eBook und Buch - weltweit in allen wichtigen Shops

- Verdienen Sie an jedem Verkauf

Jetzt bei www.GRIN.com hochladen und kostenlos publizieren

Simon Busch

"Die alternde Gesellschaft" - Chancen und Herausforderungen

GRIN Verlag

Bibliografische Information der Deutschen Nationalbibliothek:

Die Deutsche Bibliothek verzeichnet diese Publikation in der Deutschen Nationalbibliografie; detaillierte bibliografische Daten sind im Internet über http://dnb.d-nb.de/ abrufbar.

Dieses Werk sowie alle darin enthaltenen einzelnen Beiträge und Abbildungen sind urheberrechtlich geschützt. Jede Verwertung, die nicht ausdrücklich vom Urheberrechtsschutz zugelassen ist, bedarf der vorherigen Zustimmung des Verlages. Das gilt insbesondere für Vervielfältigungen, Bearbeitungen, Übersetzungen, Mikroverfilmungen, Auswertungen durch Datenbanken und für die Einspeicherung und Verarbeitung in elektronische Systeme. Alle Rechte, auch die des auszugsweisen Nachdrucks, der fotomechanischen Wiedergabe (einschließlich Mikrokopie) sowie der Auswertung durch Datenbanken oder ähnliche Einrichtungen, vorbehalten.

Impressum:

Copyright © 2011 GRIN Verlag GmbH
Druck und Bindung: Books on Demand GmbH, Norderstedt Germany
ISBN: 978-3-656-06176-2

Dieses Buch bei GRIN:

http://www.grin.com/de/e-book/182401/die-alternde-gesellschaft-chancen-und-herausforderungen

GRIN - Your knowledge has value

Der GRIN Verlag publiziert seit 1998 wissenschaftliche Arbeiten von Studenten, Hochschullehrern und anderen Akademikern als eBook und gedrucktes Buch. Die Verlagswebsite www.grin.com ist die ideale Plattform zur Veröffentlichung von Hausarbeiten, Abschlussarbeiten, wissenschaftlichen Aufsätzen, Dissertationen und Fachbüchern.

Besuchen Sie uns im Internet:

http://www.grin.com/

http://www.facebook.com/grincom

http://www.twitter.com/grin_com

Universität Trier
Fachbereich IV
Soziologie
Wintersemester 2010/11

Bachelorarbeit:
„Die alternde Gesellschaft" – Chancen und Herausforderungen

Simon Busch

Studienfach: BA Sozialwissenschaften
Fachsemester: 7
Termin der Abgabe: 21.03.2011

Inhaltsverzeichnis:

Vorwort 1

1. Einleitung 2

2. Demographische Aspekte der Altersgesellschaft 4

3. „Alter" und „Altern" 6

3.1 Dimensionen des Alterns 7

3.1.1 Kalendarisches Altern 8
3.1.2 Biologisches Altern 9
3.1.3 Psychisches Altern 10

3.2 Altersbilder und Altersstereotype 11

3.3 Schlussfolgerungen 14

4. Herausforderungen und Chancen einer alternden Gesellschaft 16

4.1 Arbeitsmarkt und Arbeitswelt 16

4.1.1 Das Potential älterer Arbeitnehmer 19
4.1.2 Neue Wege auf dem Arbeitsmarkt 20

4.2 Sozialpolitik und soziale Ungleichheit in der Altersgesellschaft 22

4.2.1 Das System der Alterssicherung 23
4.2.2 Drohende Armut und Ausgrenzung? 24

4.3 Lebenslauf und Lebensformen 26

4.3.1 Individualisierung und Pluralisierung von Lebensstilen 27
4.3.2 Familiäre Strukturen und Generationenbeziehungen 29
4.3.3 Freizeit und die freie Zeit 30
4.3.4 Technik im Alter 31

5. Das „vierte Alter" 33

5.1 Die Kultur des Sterbens 34

5.2 Das soziale Sterben 37

5.3 Ein würdiger letzter Lebensabschnitt 39

6. Fazit 40

7. Literaturverzeichnis 42

Vorwort

Im spätviktorianischen England verfasste Oscar Wilde seinen heute berühmten Roman „Das Bildnis des Dorian Gray", dessen Handlung im London des späten 19. Jahrhunderts spielt. Obwohl Wildes Geschichte erfunden ist, liegen in diesem Roman doch erste Merkmale für die in unserer Gesellschaft vorherrschende Jugendzentriertheit verborgen.

(Vgl. zu den folgenden Ausführungen: Wilde 1921/2008, S. 133ff.) Wildes Roman handelt von einem Maler, der vor einer Staffelei in seinem Atelier steht und das Portrait des jungen und gut aussehenden Mannes Namens Dorian Gray zeichnet, während dieser sich mit einem Freund des Malers in dessen Garten unterhält. Der Freund nimmt die Schönheit Grays ebenfalls war und trauert gleichzeitig um deren Vergänglichkeit:

„Ja, Herr Gray, die Götter sind Ihnen gnädig gewesen. Aber was die Götter geben, nehmen sie schnell wieder. Sie haben nur ein paar Jahre, in denen Sie wahrhaft, vollkommen, völlig leben können. Wenn Ihre Jugend dahingeht, verlässt Sie auch Ihre Schönheit, und dann werden Sie mit einem Male entdecken, dass es keine Siege mehr für Sie gibt, oder dass Sie sich mit den niedrigen Siegen begnügen müssen, die Ihnen die Erinnerung an Ihre Vergangenheit bitterer machen wird als Niederlagen. Jeder Monat, der dahingeht, bringt Sie etwas Schrecklichem näher. Die Zeit ist eifersüchtig auf Sie und führt Krieg gegen Ihre Lilien und Ihre Rosen. Sie werden entsetzlich leiden ... Ah! Nehmen Sie Ihre Jugend wahr, solange Sie sie haben! [...] Jugend! Jugend! Es gibt gar nichts in der Welt als Jugend." (Wilde 1921/2008, S. 161f.)

Am Abend, nachdem der Maler das Bild vollendet und seinen Gästen als Meisterwerk präsentiert hat, wird sich der junge Dorian Gray darüber bewusst, wie traurig es doch sein muss, mit dem Alter hässlich, abstoßend und nutzlos zu werden, wohingegen sein Abbild im Gemälde immer jung bleiben wird. Durch einen Pakt mit dem Teufel gelingt es ihm, die Rollen zu tauschen: Von nun an altert das Bild und Gray selbst bleibt ewig jung.

Heute kann man sich durchaus auch die Frage stellen, welche Gemälde an unserer Stelle altern oder welchen Preis wir stattdessen für unsere Jugendlichkeit, zum Beispiel schon im Vergleich zu unserer Großelterngeneration, zahlen müssen. Wir werden immer jünger, alle sehen besser aus und jedem geht es besser. Vermeintlicherweise (vgl. Seidl 2005a, S. 26f.).

1. Einleitung

„Unsere Gesellschaft altert!" Über diese Aussage, besser gesagt über diese Feststellung, stolpern wir heute beinahe täglich bei der Lektüre der Tageszeitung oder in den Nachrichten, vor allem wenn es um die voranschreitende Überforderung unserer sozialen Sicherungssysteme geht. Das durchschnittliche Alter und die Lebenserwartung der deutschen Bevölkerung haben sich im letzten Jahrhundert deutlich erhöht und nehmen auch weiterhin noch stetig zu. Gleichzeitig werden immer weniger Neugeborene zur Welt gebracht. Die Gründe für diesen Wandel der Altersstruktur sind vielschichtig. Zum Beispiel garantieren medizinische Fortschritte immer mehr Menschen ein langes Leben, andererseits führen Anforderungen, die durch Ausbildung, Beruf und Karrieredruck entstehen, dazu, dass eine Familiengründung, wenn überhaupt, erst in einem deutlich späteren Lebensabschnitt durchgeführt wird, als es noch einige Generationen zuvor der Fall war. Wir sind bereits in den Anfängen einer und entwickeln uns weiter zu einer Gesellschaft, in der immer mehr alte und arbeitsunfähige Menschen einer deutlich geringeren Zahl an jungen, erwerbstätigen Personen gegenüber stehen. Im Jahr 2007 exekutierte der damalige Arbeitsminister Franz Müntefering den Beschluss der Rente mit 67 Jahren mit den Worten: „Weniger Kinder, später in den Beruf, früher raus, länger leben, länger Rente zahlen: Wenn man das nebeneinander legt, muss man kein Mathematiker sein, da reicht Volksschule Sauerland um zu wissen: Das kann nicht gehen."

In dieser Arbeit soll herausgestellt werden, dass die Entwicklung der Gesellschaft als eine Herausforderung betrachtet werden muss, die zwar viele Probleme mit sich bringt, aber auch Chancen schaffen kann. Ziel ist es, einen Überblick über die Situation der alternden Gesellschaft und den demographischen Wandel zu schaffen, Ursachen und Folgen zu erläutern und die gesellschaftlichen und kulturellen Veränderungen objektiv darzustellen. Die persönliche Meinung des Verfassers soll keinen positiven oder negativen Einfluss auf die Argumentation der Arbeit suggerieren. Durch die Bezugnahme auf verschiedene Literaturquellen der Soziologie, Demographie, Thanatologie, Gerontologie und weiteren Disziplinen, soll nicht nur nach Lösungen für die Probleme der alternden Gesellschaft gesucht werden, sondern ein umfassendes Bild über den Forschungsstand dargestellt werden.

Da das Gebiet der Altersforschung aber komplex und interdisziplinär beforscht ist, kann sich diese Arbeit nur auf die Darstellung einiger thematischer Blöcke beschränken. In einem ersten Kapitel werden zunächst die verschiedenen demographischen Aspekte der alternden Gesellschaft vorgestellt. Welche Ursachen liegen der im Entstehen begriffenen

Altersgesellschaft zu Grunde? Der Leser soll erfahren, was genau unter demographischem Wandel verstanden wird und es soll ein Einblick darüber vermittelt werden, wie die Bevölkerungsentwicklung und die Struktur der deutschen Bevölkerung heute und in der Zukunft aussehen werden. Im darauf folgenden Kapitel werden die Dimensionen des Alterungsprozesses erläutert, die unterschiedlichen Bezugssysteme, in denen Alter und Altern stattfindet. So unterscheidet man zum Beispiel zwischen kalendarischem, biologischem und psychologischem Altern. Dass Alter(n) nicht nur ein individuelles, sondern auch ein soziales Phänomen darstellt und dass wir durch vorherrschende Altersbilder und Altersstereotypen in unserem alltäglichen Umgang mit alten Menschen und dem Alter geprägt sind, soll im Anschluss verdeutlicht werden.

Schließlich werden einige Herausforderungen und Chancen der Altersgesellschaft in wirtschaftlichen und politischen Bereichen der deutschen Gesellschaft dargestellt und diskutiert. Insbesondere werden auch die Auswirkungen der gesellschaftlichen Wandlungen auf die Lebensformen im Alter und die Lebensphase Alter erörtert. So soll verdeutlicht werden, wie der neu gewonnene Lebensabschnitt des langen Alters heute und in der Zukunft gestaltet wird. Dabei spielen sowohl materielle und familiäre, als auch körperliche Veränderungen, Einschränkungen und Wandlungen eine wichtige Rolle. Um diesen Themenblock abzuschließen wird die Bedeutung moderner Technik dargestellt. Hier soll gezeigt werden, wie wichtig technische Errungenschaften für unsere Gesellschaft sind und inwiefern wir von diesen abhängig sind.

In den nachfolgenden Kapiteln werden Fragen der medizinischen und sozialen Betreuung im Alter erörtert und die dadurch entstehenden soziokulturellen Probleme der Gesellschaft aufgezeigt. Durch das Altern der Bevölkerung werden heute völlig neue Anforderungen an die moderne Medizin gestellt: Vor allem mit zunehmendem Alter wird eine „sinnvolle" und humane medizinische Behandlung zur Herausforderung für Ärzte, Pfleger und Nahestehende. Welche Schwierigkeiten im Bezug auf die Betreuung von Patienten in einer Altersgesellschaft entstanden sind, was man unter Institutionalisierung, Medikalisierung und sozialem Sterben, beziehungsweise dem sozialen Tod versteht, wird hier erläutert und definiert, sowie nach Lösungsmöglichkeiten für ein würdevolles Sterben in der heutigen Gesellschaft gesucht.

In einem abschließenden Fazit werden die Ergebnisse der Arbeit resümiert und ein Ausblick auf die zukünftigen Entwicklungen gegeben.

2. Demographische Aspekte der Altersgesellschaft

Mit Hilfe demographischer Forschung ist es heutzutage möglich, retrospektive Einschätzungen über die Bevölkerungszusammensetzung der letzten Jahrzehnte zu machen und, darüber hinaus auch einen Einblick in die Entwicklungen und Veränderungen der zukünftigen Bevölkerung zu erlangen (vgl. Pohlmann 2004, S. 45). Was man unter dem Prozess der gesellschaftlichen Alterung, beziehungsweise dem demographischen Wandel, zu verstehen hat, soll hier kurz erklärt werden: Wie bereits in der Einleitung der Arbeit erwähnt, hat es im 20. Jahrhundert einige deutliche Veränderungen in der Sozialstruktur Deutschlands gegeben.[1] Eine wachsende Zahl älterer Menschen steht heute einer sinkenden Zahl junger Menschen gegenüber und die Hochaltrigen bilden die am stärksten wachsende Bevölkerungsgruppe. Wie in der Grafik zum Altersaufbau in Abbildung 1 zu sehen ist, hat sich die Altersstruktur der Deutschen in den letzten 100 Jahren bereits stark von einer „Alterspyramide" zu einer „zerzausten Wettertanne" verschoben:

Abbildung 1: *Altersaufbau der Bevölkerung in Deutschland*

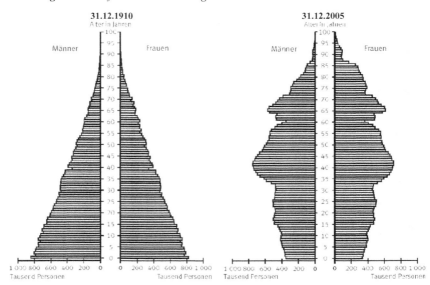

Quelle: Eigene Erstellung in Anlehnung an: Statistisches Bundesamt 2006, S. 35.

---

[1] Die Entwicklungen sind nicht nur auf Deutschland beschränkt, ganz Westeuropa und alle Industrienationen erleben laut den Alternsforschern früher oder später diesen sozialen Wandel (vgl. z.B. Thieme 2008, S. 65).

Lag die durchschnittliche Lebenserwartung bei Geburt von Frauen und Männern zu Beginn des 20. Jahrhunderts noch bei 48 beziehungsweise 45 Jahren, so ist diese im Jahr 2009, aufgrund von Fortschritten in der Medizin, durch bessere Ernährung, Wohlstand und Hygiene, usw., auf 82 und 77 Jahre angestiegen (vgl. Kocka/Staudinger 2009, S. 13).

(Vgl. zu den folgenden Ausführungen: Statistisches Bundesamt 2006, S. 30ff.) Die Entwicklung hin zu einer Altersgesellschaft ist, laut dem Statistischen Bundesamt, im Wesentlichen auf zwei Kernfaktoren zurückzuführen: die erhöhte Lebenserwartung und die auch weiterhin erwartete, rückläufige Geburtenentwicklung. Darüber hinaus spielen auch die Außenwanderungen eine wichtige Rolle. Seit 1972 liegt in Deutschland ein Geburtendefizit vor, was bedeutet, dass es insgesamt mehr Sterbefälle als Geburten gibt. Die Bevölkerung konnte bisher trotzdem stetig weiter wachsen, weil durch Migration aus anderen Ländern dieses Geburtendefizit ausgeglichen werden konnte.

Aufgrund der hohen Lebenserwartung und der bis zum Jahr 2050 geschätzt drastisch sinkenden Geburtenraten geht die Bevölkerung seit 2003 zurück. Lebten 2005 noch 82,4 Millionen Menschen in Deutschland, so werden es, auch aufgrund schrumpfender Migrationszahlen, im Jahr 2050 nur noch ungefähr 68,7 Millionen sein, was dem Niveau des Jahres 1950 entspricht. Die Bevölkerungsvorausberechnungen prognostizieren jedoch nicht nur einen Wandel in der Bevölkerungsgröße, sondern auch eine Altersstrukturverschiebung. Die Zahl der unter 65-Jährigen wird weiter schrumpfen, die Zahl der über 65-Jährigen nimmt konstant zu, sodass im Jahr 2050 geschätzt doppelt so viele Personen im Alter von über 65 Jahre, einer Gruppe junger Menschen unter 20 Jahren gegenüberstehen wird.

Das hat auch zur Folge, dass der Anteil Erwerbstätiger an der Gesamtbevölkerung von 61% im Jahr 2005 auf schätzungsweise 51% im Jahr 2050 zurückgehen wird. Addiert man schließlich noch Jugend- und Altenquotienten, die es ermöglichen, eine Beziehung zwischen denjenigen, die zu jung oder zu alt zum Arbeiten sind und somit Empfänger von Sozialleistungen, Rente, usw. sind, und den Personen zwischen 20 und 65 Jahren, also den Personen im erwerbsfähigen Alter, herzustellen, so stehen 2050 geschätzt 90 arbeitsunfähige Personen 100 erwerbsfähigen Menschen gegenüber. 2005 belasteten dagegen gerade einmal 65 Kinder, Jugendliche und Menschen im Rentenalter 100 Personen im Erwerbsalter.

Eine Menge Zahlen und Schätzungen, die aber alle in eine klare Richtung deuten: Die Gesellschaft altert und dieses Altern bringt viele ungelöste Probleme mit sich. Die beschriebene demographische Entwicklung schafft die Rahmenbedingungen für die heutige und vor allem zukünftige Situation der Alten in unserer Bevölkerung, denn diese relativen und absoluten Zahlen verweisen auf gesellschaftliche, wirtschaftliche, medizinische und sozialpolitische Folgen (vgl. Tesch-Römer u.a. 2006, S. 13), die im weiteren Verlauf der Arbeit dargestellt werden. Zunächst werden aber, das in unserer Gesellschaft vorherrschende Bild vom „Alter" und die Dimensionen des Alterungsprozesses erläutert, um abzubilden, was man überhaupt unter einem „alten Menschen" versteht, wie das Alter in unserer Gesellschaft dargestellt wird und in welcher Hinsicht ein Umdenken stattfinden muss.

3. „Alter" und „Altern"

„So ist das Bild vom alten Menschen in der Öffentlichkeit bestimmt als ein Bild des Zerfalls, des Abbaus, des Zurückbleibens hinter der unser menschliches Leben tragenden Norm. Gesehen wird er als Nörgler, der zum Zusammenleben schlicht unfähig ist [...]. Man bescheinigt ihm Reglosigkeit in seinem Denken [...] und Abnahme von Intelligenz bis hin zur Debilität. Wollte man demgegenüber eine Liste von positiven Eigenschaften zusammenstellen, so würde man vergeblich nach allgemein anerkannten und ‚modernen' Werten suchen. Das Bild ist rundweg negativ, und die wenigen positiven Ausnahmen stützen diese Aussage eher, als daß [sic] sie sie zu relativieren vermöchten." (Bätz/Iber/Middel 1976, S. 23)

Das Phänomen der Alterung der Gesellschaft steht heute präsenter im Fokus des öffentlichen Diskurses als je zuvor und hat dabei meist eine negative, wenn nicht sogar pessimistische Konnotation: Vergreisung und Überalterung, Alterslast, Sturheit, Senilität und Gebrechlichkeit, höhere Lebenserwartung, explodierende Kassenbeiträge und das erwartete Pflegechaos. Die Alterung der Gesellschaft zeigt sich in vielerlei Aspekten, doch muss sie nicht zwangsläufig mit kulturellem Verfall und gesellschaftlicher Katastrophe gleichgesetzt werden. Gehen wir davon aus, dass die Schätzwerte und Erwartungen der Demographen sich in den nächsten Jahrzehnten erfüllen werden, so müssten wir im Jahr 2050 mit einem Anteil von weit über einem Drittel der über 65-Jährigen an der Gesamtbevölkerung rechnen.

Parallel zur Alterung findet heute ebenfalls eine Verjüngung der Alten statt, der Lebensabschnitt Alter, der vor einigen Jahrzehnten faktisch nur sehr kurz war, kann nicht mehr einfach als ein „Lebensrest" bezeichnet werden, er beträgt von der Rente bis zum Tod durchaus durchschnittlich um die 20 bis 30 Jahre. Eine lange Phase, die man an effektiv nutzbarer Lebenszeit gewinnt (van Dyk/Lessenich 2009, S. 11). „Wir werden, als Gesellschaft, immer jünger, und als Einzelne werden wir nicht mehr älter, wir werden zumindest anders älter, und wir stecken mittendrin in einem Prozess, dessen Ausgang wir noch gar nicht absehen können" (Seidl 2005b, S. 3).

Altern findet auf verschiedenen Ebenen und in verschiedenen Dimensionen statt und wird von uns auch in eben diesen wahrgenommen und definiert. Der Alterungsprozess läuft auf biologischer, sozialer, und psychischer Ebene ab und hat darüber hinaus noch einige weitere relevante Bezugssysteme, auf die wir bei der alltäglichen Kategorisierung zurückgreifen. „Wenn unsere Alten altern, dann hat unsere Gesellschaft mit ihren alten Ansichten über das Altwerden einen sehr wesentlichen Anteil daran" (vgl. Montagu 1984, S. 261). Um als Altersgesellschaft funktionieren zu können, müssen wir uns über die Konstruktion unseres „Systems Alter" bewusst werden und über den Tellerrand hinauszuschauen lernen. Darüber ist sich die Altersforschung einig. Der erste Abschnitt dieses Kapitels beschäftigt sich daher mit den unterschiedlichen Dimensionen des Alterungsprozesses.

Im zweiten Teil soll zunächst dargelegt werden, welches Altersbild wir in Deutschland haben, woher es kommt und welche Folgen aus einer regelrechten Stereotypisierung in verschiedenen Bereichen des alltäglichen Lebens entstanden sind. Darüber hinaus werden an dieser Stelle ein positives, wenn auch nicht häufig vertretenes, Bild vom Alter(n) beschrieben, sowie einige Schlussfolgerungen für den weiteren Verlauf der Arbeit aufgezeigt.

3.1 Dimensionen des Alterns

Wie bestimmen und definieren wir Alter? Weder in theoretischen, wissenschaftlichen Auseinandersetzungen, noch im direkten Kontakt mit alten Menschen können wir heute einfach von allgemein gültigen Charakteristika ausgehen, die für das „Altsein" sprechen. Die Menschen nehmen in unzähligen Situationen Kategorisierungen vor, die zur Definition von bestimmten Altersgrenzen führen, oftmals aber nicht der Realität entsprechen (vgl. Pohlmann 2004 S. 16). Das Alter ist gleichzeitig ein körperliches, psychisches und gesellschaftliches Phänomen, das einem individuellen Alterungsprozess zugrunde liegt und daher in diesen unterschiedlichen Bereichen unterschiedliche Verläufe aufweist (vgl. Backes/Clemens 1998, S. 87).

Woher können wir also wissen, wie wir eine sinnvolle Einteilung zwischen Jung und Alt, oder auch zwischen alt und noch älter vornehmen können? Eine differenzierte Betrachtung der Altersentwicklung in verschiedenen Lebensbereichen und eine multidimensionale Sicht sind nötig, um Alter zu definieren.

3.1.1 Kalendarisches Altern

Alter wird im Alltag zunächst mit dem kalendarischen oder auch chronologischen Lebensalter verbunden, worunter man die direkte Einteilung einer Person in eine Altersgruppe anhand ihres Geburtsdatums versteht. Jeder ist also so alt, „wie es sich rechnerisch aus der Differenz zwischen Geburts- und aktuellem Datum ergibt" (Thieme 2008, S. 33). Eine solche Einteilung existiert vermutlich hauptsächlich als „verwaltungsmässige [sic], bürokratische Organisationsform der Gesellschaft" (Schmassmann 2006, S. 28f.), um bestimmte Phasen des Lebenslaufs, wie zum Beispiel die Volljährigkeit oder das Rentenalter, festlegen zu können. Die Altersgrenze für das Rentenalter zum Beispiel ist eine willkürliche Setzung, die, einmal fixiert, die gesellschaftliche Definition des Alters vollständig bestimmt (vgl. Braun 1973, S. 57). Dieser Aspekt ist von besonderer Relevanz für die alternde Gesellschaft, denn der chronologischen Einteilung werden gewisse kulturelle Eigenschaften und gesellschaftliche Bedeutungen zugeschrieben, die das Selbstverständnis vom Alter beeinflussen. In Deutschland nimmt ein 14 jähriges Mädchen beispielsweise die soziale Rolle einer Schülerin ein, in einer segmentären Gesellschaft kann sie jedoch bereits die Rolle der Ehefrau und Mutter tragen (vgl. Schmassmann 2006, S. 29f.). Ebenso existieren unterschiedliche Vorstellungen von dem Zeitpunkt, an dem das Alter beginnt, die sich in unseren Köpfen fest eingebrannt haben und sich so schnell nicht mehr von dort löschen lassen.

Problematisch ist also die Frage, wo eine Grenze zwischen den unterschiedlichen Altersgruppen gezogen werden kann. Wir sind heute stark auf die Aussage des kalendarischen Alters fixiert, obwohl eine Zahl alleine der „Heterogenität von Verhaltensweisen und Eigenschaften einer einzelnen Geburtskohorte" (Pohlmann 2004, S. 13) nicht gerecht werden kann. Bei rein chronologischer Altersbetrachtung werden ereigniskorrelierte Entwicklungen sowie individuelle und umweltbedingte Einflüsse, die gesamte Vielfalt des Lebens also, völlig ignoriert (vgl. Pohlmann 2004, S. 14).

Der Soziologe Frank Thieme hält bezüglich des kalendarischen Alters weiterhin fest: „Alter und die damit einhergehenden Veränderungen – zunächst Entwicklung und Wachstum, dann Rückbau – sind nicht nur Zustand, sondern müssen als Kontinuum gesehen werden – langer Prozess, vielfältige Bedingungszusammenhänge" (Thieme 2008, S. 33f.).

3.1.2 Biologisches Altern

Von Beginn der Altersforschung an definierte man das Altern in der Biologie und der Medizin als natürlichen Verschleiß. Auch heute noch spricht man in über 300 Alter(n)stheorien größtenteils von einer Abnutzung des Körpers, da dies scheinbar die einfachste und nachvollziehbarste Erklärung für das Älterwerden darstellt und sich in unseren täglichen Erfahrungen ideal bestätigt (vgl. Prinzinger 2009, S. 117). Dabei fehlen uns gegenwärtig die diagnostischen Instrumente und die Kategorien, um Alter an der Biologie des Organismus zu definieren. Laut der Wissenschaft existieren zwar Gene, die sich im Alter negativ auf unseren Körper auswirken, aber keine Gene, die das Altern aktiv fördern oder eine maximal mögliche menschliche Lebensspanne vorherbestimmen (vgl. Schroeter 2008, S. 242f.)

Es gibt also auf biologischer Ebene keine Hauptursache für das Altern, obwohl das Alter anhand physiologischer Merkmale und Eigenschaften sichtbar wird. So erscheint uns derjenige als alt, dessen Haut dunkler, empfindlicher und weniger geschmeidig ist, dessen Gelenke starr und Knochen poröse und instabil sind, dessen Muskelmasse und Muskelkraft abnimmt, dessen Herz immer schwächer wird, usw., auch wenn diese Eigenschaften interindividuell zu sehr unterschiedlichen Zeitpunkten auftreten (vgl. Schmassmann 2006, S. 27f.). Der Alterungsprozess verläuft bei jedem Menschen anders. So altern beispielsweise auch Zellen und Organe innerhalb eines Organismus unterschiedlich schnell (vgl. Kocka/Staudinger 2009, S. 80). Verbesserte Lebensumstände führen zwar dazu, dass solche Alterungserscheinungen heute später auftreten, können aber, aktuell jedenfalls, nicht längerfristig hinausgezögert oder völlig aufgehalten werden (vgl. Backes/Clemens 1998, S. 91f.).

Die Biologie des menschlichen Körpers stellt einen guten Ausgangspunkt für die Definition des Alter(n)s dar und hilft uns im alltäglichen Leben, Unterschiede zwischen Alt und Jung zu machen. Und doch wäre es keine komplexe Betrachtung, das Altern bloß als bio-physische Erscheinung zu verstehen. Viele weitere wichtige Aspekte würden dann außer Acht gelassen, was unweigerlich zu einem reduzierten Altersverständnis führen würde (vgl. Schroeter 2008, S. 243).

3.1.3 Psychisches Altern

Biologische und gesellschaftliche Aspekte beeinflussen sowohl das Altern an sich, als auch die Wahrnehmung des Alters durch Andere. Befasst man sich mit dem Alter, so stößt man darüber hinaus auf eine Redewendung, die wohl jedem bekannt sein sollte: „Man ist immer so alt, wie man sich fühlt." Dieses Sprichwort zielt auf die psychologische Komponente des Alterns ab, wonach Altern immer auch ein individueller Prozess ist, bei dem zur Bestimmung des eigenen Alters auf subjektive Bewertungsmuster zurückgegriffen wird, man seinen eigenen Zustand also selbst konstruiert (vgl. Pohlmann 2004, S. 26f.). Dieses Selbstkonzept nimmt eine zentrale Bedeutung für die wahrgenommene Lebensqualität ein und ist somit von immenser Bedeutung für die Zukunft einer alternden Gesellschaft, die, allein schon aufgrund wirtschaftlicher Aspekte, auf junggebliebene Alte angewiesen sein wird[2].

Als 40-Jähriger fühlt man sich vielleicht auf einem Rentnernachmittag besonders jung, im direkten Gegenüber mit Schülern einer 9. Schulklasse aber, ist man schon längst ein alter Mann. Heute beginnt dementsprechend das individuelle „Altsein" im höheren Lebensalter immer später, die individuelle Altersgrenze verschiebt sich mit zunehmendem Alter nach hinten und selbstverständlich bezeichnet man sich selbst nicht sonderlich gerne als alt (vgl. ebenda, S. 27f).

Auch mit psychologischen Theorien ist es bisher nicht gelungen, den Prozess des Alterns vollständig zu erklären und zu beschreiben. Zunächst waren psychologische Alternstheorien an das „Defizit-Modell" gekoppelt, wonach Altern bloß als Prozess des Verlustes emotionaler und intellektueller Fähigkeiten verstanden wurde, was sich aber wissenschaftlich widerlegen ließ (vgl. Backes/Clemens 1998, S. 92f.). Heute geht man davon aus, dass Altern nicht einzig als Abbau von Leistungsfähigkeit und geistigen Kompetenzen betrachtet werden darf. So verschlechtern sich zwar bestimmte geistige Fähigkeiten, besonders in sehr hohem Alter, andere bleiben aber bis zur Hochaltrigkeit erhalten oder verbessern sich sogar. Darüber hinaus ist auch aus psychologischer Sichtweise das Altern ein interindividuell unterschiedliches Phänomen, das bei jedem Menschen zu jeweils anderem Zeitpunkt auftritt und sich auf spezifische Art und Ausprägung zeigt (vgl. Tews 1971/1979, S. 79).

---

[2] Welche besondere Rolle dabei Altersbilder und Altersstereotype spielen, wird im nachfolgenden Kapitel erläutert.

3.2 Altersbilder und Altersstereotype

Altersbilder sind „bildhafte Vorstellungen", die uns Informationen über alte Menschen vermitteln und sich dabei auf alle Lebensbereiche beziehen können. Um Altersstereotype handelt es sich, wenn Personen aufgrund ihres chronologisch hohen Lebensalters verschiedene Eigenschaften zugeschrieben werden, beziehungsweise ihnen bestimmte Fähigkeiten aberkannt werden, ohne dass man die Betroffenen genauer kennt (vgl. Backes/Clemens 1998, S. 56).

Demnach endet das Leben mit 49 Jahren, zumindest wenn es nach den Marketing-Gesetzen der privaten Fernsehsender geht. Nach jedem großen TV-Event bekommt man Tags darauf zu hören, dass die Einschaltquote der „werberelevanten Zielgruppe der 14- bis 49-Jährigen" besonders hoch oder eben unerwartet niedrig ausgefallen ist. Dieses von den Fernsehmachern geschaffene „Naturgesetz" erscheint uns so selbstverständlich, dass wir es zunächst vielleicht gar nicht mehr hinterfragen (vgl. Bernard 2010, S. 15). Macht man sich aber Gedanken um diese Skurrilität, so sollte recht schnell klar werden, dass das Alter nicht etwa eine biologische Tatsache, sondern vor allem ein soziales Konstrukt ist, das wir verinnerlicht haben.

Das uns präsente Bild vom Alter hat sich über viele Jahrhunderte hinweg entwickelt und stammt aus Zeiten, in denen „Alt werden" die Ausnahme war: In der griechischen Antike dichtete der Tragödienschreiber Euripides den Vers: „Bei den Jüngeren liegt die Kraft in den Taten, bei den Älteren im Rat" (Euripides 1981, S. 508). Über eine sehr lange Zeitspanne und viele Generationen hinweg hielt man an einem Altersbild fest, bei dem die Alten als weise, erfahren und würdevoll erachtet wurden, einer Zeit, in der die Weisheit des Alters unabdingbar war, um im Alltag bestehen zu können. Die Alten nahmen eine Vormachtstellung ein und verdienten den Respekt der jüngeren Generationen (vgl. Wagner-Hasel 2009, S. 25f.).

Von anderer Seite betrachtet wurde das Alter aber auch immer schon mit einer Versorgungsproblematik in Verbindung gebracht. Alte Menschen können nur noch körperlich leichte Aufgaben verrichten, sind also nicht mehr voll „funktionsfähig" und belasten dadurch ihre Familien. Zwar wurden die Alten von den jüngeren Mitgliedern der Gesellschaft immer schon in materieller und fürsorglicher Hinsicht unterstützt, aber es entstanden auch Assoziationen zwischen dem Alter und Abhängigkeit, Hilflosigkeit, Nutzlosigkeit und Gebrechlichkeit (vgl. Kocka/Staudinger 2009, S. 34).

Unser heutiges Altersbild wurde schließlich entscheidend durch den Industrialisierungsprozess geprägt: In einer Epoche, in der Kinderarbeit möglich war, Arbeiter durch Maschinen ersetzt wurden und es uneingeschränkte Arbeitszeiten gab, gelang es dem Arbeiter nur dann, sich selbst und die Familie durchzubringen, gesellschaftlich etwas wert zu sein, wenn sein Körper voll funktionsfähig war (vgl. Simitis 2009, S. 106). Aus dieser Zeit stammt der Archetypus vom alten Menschen, der mit seinen grauen Haaren kränklich an einem Krückstock geht und kaum Geld zum Überleben hat, der seinen Körper nicht mehr effektiv nutzen kann, zu nichts mehr zu gebrauchen ist und nur noch einen sehr kurzen Lebensrest vor sich hat (vgl. Pohlmann 2004, S. 90).

Heute jedoch profitieren wir von einer enorm verbesserten Lebenserwartung und haben, nach dem Austritt aus der Arbeitswelt, noch eine lange dritte oder vierte Lebensphase vor uns. Trotzdem sehen wir das Ausscheiden aus dem Produktionsprozess, beziehungsweise den Eintritt in das Rentenalter, immer noch als das wichtigste und eindeutigste Merkmal für das Altwerden. An diesem Punkt endet die „Nützlichkeit" des Individuums und die Bedürftigkeit beginnt (vgl. Thieme 2008, S. 32f.). Durch unser Sozialsystem, das nur anhand des chronologischen Alters und im Normalfall ohne sonstige Gründe festlegt, ab wann die kollektive Alterssicherung in Kraft tritt, sind wir also alt, sobald wir nicht mehr ins Arbeitsleben gehören (vgl. Braun 1992, S. 23). Ähnlich dem Phänomen der „werberelevanten Zielgruppe" definieren wir einen alten Menschen auch über das Renteneintrittsalter. In Deutschland ist man also ab 65, beziehungsweise 67 Jahren alt.

In den 1960er Jahren formulierte der Gerontologe Robert Butler die These des für westliche Gesellschaften typischen „Ageism", der Altersdiskriminierung, die sich nach Butler in mehreren Aspekten bemerkbar macht. Es bestehen demnach Vorurteile gegenüber älteren Menschen, dem Alter und dem Prozess des Alterns und darüber hinaus existieren sowohl institutionelle als auch politische Praktiken, die solche stereotypen Überzeugungen manifestieren und dafür verantwortlich sind, dass diese verbreitet werden (vgl. Kruse/Schmitt 2005, S. 12f.). Auch heute noch schreiben Wissenschaftler, wie zum Beispiel der Gerontologe Stefan Pohlmann, konkreten Institutionen die Mitschuld für die Verbreitung und Verursachung von Altersklischees zu. Schulen, die Wissenschaft, Altenheime aber vor allem die Massenmedien tragen zu einem verzerrten Altersbild in unserer Gesellschaft bei (vgl. Pohlmann 2004, S. 109f.). Mediale Repräsentationen des Alters beeinflussen die Einstellungen zum Alter und zur eigenen Altersidentität entscheidend (vgl. Thimm 2009, S. 153): Geistiger Abbau und Senilität gelten als unvermeidliche Nebenwirkungen des hohen Alters und führen somit automatisch zu Funktionseinbußen bei älteren Menschen. Den

„Alten" wird die Fähigkeit aberkannt, wichtige gesellschaftliche Rollen einnehmen zu können, was sich unter anderem auch in der Partizipation der über 55-Jährigen am Arbeitsmarkt zeigt[3] (vgl. Filipp/Mayer 2005, S. 27). Überspitzt formuliert: In der Arbeitswelt wird Älteren beispielsweise der Zugang zu Fort- und Weiterbildungsmaßnahmen verweigert oder sie kommen gar nicht erst für eine Neueinstellung in Frage. Durch die Jugendzentriertheit wird das Alter meist nur als ökonomisches Problem diskutiert und in Filmen und Fernsehen existiert es praktisch gar nicht (vgl. Schirrmacher 2004a, S. 67f.). Ärzte behandeln alte Patienten auf eine andere Art und Weise als ihre jüngeren Patienten: Sie bekommen weniger Aufmerksamkeit geschenkt, weil sie sowieso hinfällig und wehleidig sind und schnell wird auch über ihren Kopf hinweg eine Behandlung bestimmt, weil sie ohnehin nicht mehr ganz Herr ihrer Sinne sind (vgl. Rothermund 2009, S. 143f.). Weiterhin entsteht ein negatives Bild vom Alter(n), weil oftmals die Erfahrungen und der direkte Kontakt mit älteren Menschen, abgesehen von den eigenen Familienmitgliedern, fehlen (vgl. Tews 1971/1979, S. 27). Unzählige solcher Beispiele lassen sich in den unterschiedlichsten Bereichen der Gesellschaft finden.[4]

Umfragen haben gezeigt, dass Altersbilder sich außerdem mit dem Alter der Befragten verändern und auch in Abhängigkeit davon verändern, ob man das eigene Alter(n), oder die Situation einer anderen Person beurteilt (vgl. Filipp/Mayer 2005, S. 27). Neben der Wahrnehmung durch Andere spielt die Selbsteinschätzung nämlich auch eine wichtige Rolle für das Bild vom Alter(n). Durch die dauerhafte Konfrontation mit Altersstereotypen entsteht bei noch jungen Menschen ein starker Einfluss auf die Motivation, die Zukunftsperspektiven und die Handlungskompetenz im Alter. Eine sogenannte „self-fulfilling prophecy" kann eintreten, eine Vorhersage die sich erfüllt, nur weil die Menschen daran glauben, dass sie sich erfüllen wird. Im Kontext von Altersstereotypen bedeutet dies, dass Menschen sich ausmalen, wie ihre Zukunft aussehen wird, welche Auswirkungen das Altern auf ihren Alltag und ihr Leben haben wird und genau diese Vision beeinflusst schließlich tatsächlich ihre persönliche Zukunft (vgl. Rothermund 2009, S. 144ff.).

„In dem Maße, in dem Minoritäten der gesellschaftlichen Großgruppe der Älteren und Alten besonnen aktivitätsbereit erscheinen, schwindet auch die Festigkeit von Altersstereotypen" (Rosenmayr 1987, S. 476). Viele der historisch überlieferten und gegenwärtig aktuellen Altersbilder sind nicht mehr zeitgemäß und gerade die strikten kalendarischen Altersgrenzen werden heute immer fragwürdiger. „Sie ignorieren, dass immer mehr Menschen in immer

---

[3] Näheres zur Arbeitsmarktsituation der älteren Generationen in Kapitel 4.1
[4] Siehe z.B. Filipp/Mayer 2005; Schirrmacher 2004a; Rothermund 2009; Tews 1971/1979

höherem Alter zu einem aktiven und selbstbestimmten Leben fähig sind" (Kocka/Staudinger 2009, S. 25) und dass es heute eine zunehmende Varianz zwischen einzelnen Individuen gibt, die zu ganz unterschiedlichen Entwicklungen im Alter führen (vgl. Pohlmann 2004, S. 102). Laut einer Umfrage der Gesellschaft für Politik- und Sozialforschung aus dem Jahr 2005 fühlen sich nach eigener Einschätzung immerhin 83 Prozent der über 65-Jährigen durchaus noch sehr fit und führen ein aktives Leben (vgl. Polis 2005, S. 8). Unsere Jobs sind heute, was die körperliche Belastung angeht, lange nicht mehr so anstrengend wie zu Zeiten der Industrialisierung. Wir leben in einer Dienstleistungsgesellschaft, leiden an Zivilisationskrankheuten und nicht etwa an Epidemien und Seuchen und haben, auch dank der modernen Medizin, eine stetig wachsende Lebenserwartung (vgl. Amrhein/Backes 2007, S. 105).

Wie bereits erwähnt existieren jedoch auch heute durchaus positive Altersbilder, die in der Regel Merkmale wie Unabhängigkeit, „Weisheit und Lebenserfahrung, aber auch Zuverlässigkeit, moralische Integrität, Verlässlichkeit, Prinzipientreue und Freundlichkeit" (Filipp/Mayer 2005, S. 27) umfassen. Darüber hinaus kennt man ein Phänomen, das ein neues Altersbild, eine neue Generation von alten Menschen beschreibt, die „neuen Alten" oder auch „jungen Alten", die zwar nicht repräsentativ für alle Menschen im Alter sind, aber trotzdem eine wachsende Gruppierung der Gesellschaft darstellen. Alte Menschen, die sich körperlich fit halten, reiselustig sind, am kulturellen Leben teilnehmen und ausreichende finanzielle Mittel besitzen, um einen anspruchsvollen Lebensstil zu genießen (vgl. Braun 1992, S. 29ff.).

3.3 Schlussfolgerungen

Abschließend für dieses Kapitel bleibt festzuhalten, dass eine Veränderung des Altersbildes eine wichtige und notwendige Herausforderung für die heranwachsende Altersgesellschaft darstellen wird, denn auf die Potentiale der Alten kann in unserer Gesellschaft früher oder später nicht mehr verzichtet werden (vgl. beispielsweise Pohlmann 2004, S. 120ff.). Ein Versuch, das Alter(n)sbild zu verändern, würde sich auf verschiedenen gesellschaftlichen Ebenen unternehmen lassen, auf die auch im späteren Verlauf der Arbeit Bezug genommen wird:

"Individuell und familiär über persönliche Begegnungen zwischen den Generationen, institutionell und gemeindebezogen über wissensvermittelnde Multiplikatorenprogramme und intergenerative Lern- und Kontaktangebote, gesellschaftlich schließlich über die materielle und rechtliche Förderung von Interventionsprogrammen, über die Gestaltung von altersübergreifenden Wohnumwelten und über die gezielte Weiterentwicklung von schulischen, medialen und sozialpolitischen Altersbildern." (Amrhein/Backes 2007, S. 108f.)

Der Lebensabschnitt Alter muss vorurteilsfrei und objektiv betrachtet werden können, wenn nach lohnenden gesellschaftlichen Perspektiven Ausschau gehalten werden soll (vgl. Amann 2004, S. 16). Es spricht zwar nichts dafür, dass das negative Altersbild durch ein vollständig positives ersetzt werden sollte, allein schon um der tatsächlich hilfsbedürftigen und gebrechlichen Alten willen, die auf Unterstützung angewiesen sind (vgl. Pohlmann 2004, S. 114). Stattdessen sollte der Vielfalt von Alternsverläufen und den Unterschieden zwischen den Menschen im Alter Beachtung geschenkt werden. Problematisch ist also nicht nur, dass ein negatives Bild vom alten Menschen in unserer Gesellschaft verbreitet ist, sondern dass in diesem Bild unberücksichtigt bleibt, welche Möglichkeiten alte Menschen noch besitzen, um ihr Leben ihren Wünschen entsprechend zu gestalten, wenn sie sich nicht durch Heuristiken einreden lassen, dass sie über keine Möglichkeiten mehr verfügen. Es besteht also dringender Konkretisierungs- und Differenzierungsbedarf bei der Betrachtung des Alters (vgl. ebenda, S. 104).

Darüber hinaus lässt sich festhalten, dass bis heute keine allgemeingültige Definition des Alters existiert und dass wir automatisch auf bestimmte Bezugssysteme zurückgreifen, um Aussagen darüber treffen zu können. Das Alter ist ein von uns geschaffenes, soziales Konstrukt, das uns in vielerlei Hinsicht im Alltag beeinflusst und uns, nicht nur aus biologischer Sicht, Hürden in den Weg räumt.

Aus den bisher gewonnenen Erkenntnissen zu demographischer Entwicklung, festgefahrenen Altersbildern und den verschiedenen Dimensionen des Alterungsprozesses, werden dem Leser im nächsten Kapitel die daraus resultierenden Auswirkungen auf die gesellschaftlichen Entwicklungen in verschiedenen Bereichen des täglichen Lebens aufgezeigt. Angefangen mit den Auswirkungen auf Arbeitsmarkt, Sozialsystem und die neue Lebensphase Alter, werden im Anschluss vor allem die Folgeprobleme im Gesundheitssystem, der modernen Medizin und dem Umgang mit Sterben und Tod erörtert.

4. Herausforderungen und Chancen einer alternden Gesellschaft

„Das Altern hat „viele Gesichter" bzw. viele Wirklichkeiten. Es ist eingebunden in soziale und gesellschaftliche Strukturen und realisiert sich auf den unterschiedlichen Ebenen in dem komplex verflochtenen Gefüge von objektivierten Strukturen und subjektiven Handlungsentwürfen, von symbolischen Alternsordnungen, korporal-sozialen Performanzen, somatischen Differenzen und „gespürten" Realitäten."
(Schroeter 2008, S. 244)

Diese Feststellung des Soziologen Klaus Schroeter untermauert das bisher dargelegte und bringt es auf den Punkt: Unter Beachtung des demographischen Wandels, der unterschiedlichen Dimensionen des Alterns und des Alters und den vorherrschenden, überwiegend stereotypen Alter(n)sbildern, ergibt sich ein komplexer gesellschaftlicher Zustand, dessen Herausforderungen bereits heute deutlich zu spüren sind und auch die Gesellschaft der nahen Zukunft vor Probleme stellen wird.

In diesem Kapitel werden dem Leser sowohl Herausforderungen als auch Chancen in verschiedenen soziokulturellen sowie wirtschaftlichen und politischen Bereichen der alternden Gesellschaft aufgezeigt. Zunächst werden einige Auswirkungen des demographischen Wandels auf den Arbeitsmarkt und die Sozialpolitik in Deutschland, sowie die Probleme sozialer Ungleichheit im Alter thematisiert. Daraufhin werden Veränderungen in den Lebensformen und Lebensstilen der modernen Gesellschaft veranschaulicht, die sich, unter anderem, im Wandel familiärer Verhältnisse und einem veränderten Freizeitverhalten ausdrücken. Dabei wird nicht nur ein Blick auf die aktuelle Lage geworfen, sondern auch Empfehlungen und Vorschläge der Wissenschaftler und Experten bezüglich der zukünftigen Entwicklungen angeführt. Zum Abschluss dieses Kapitels soll schließlich die Bedeutung moderner Technik für die alternde Gesellschaft dargestellt werden.

4.1 Arbeitsmarkt und Arbeitswelt

Wie bereits zu Beginn der Arbeit beschrieben, bringt die demographische Entwicklung große Veränderungen für den deutschen Arbeitsmarkt, sowie das Erwerbspersonenpotential mit sich. Zwar werden, den Arbeitsmarkt betreffend, in der politischen und gesellschaftlichen Öffentlichkeit meist Themen wie hohe Arbeitslosenzahlen, Lehrstellenmangel und Jugendarbeitslosigkeit thematisiert, doch ist inzwischen der Diskurs um die Bedeutung und das Vermögen älterer Arbeitnehmer näher in den Mittelpunkt gerückt. Zum einen ist dabei eine deutliche Verbesserung des gesundheitlichen Zustands älterer Arbeitnehmer festzustellen und zum anderen nimmt die Zahl der jüngeren Arbeitskräfte stetig ab, während die Gruppe der älteren, erwerbsfähigen Arbeitskräfte weiterhin anwächst (vgl. Clemens 2008, S. 101). Das Paradoxon besteht nun darin, dass man zwar um die Vorteile der älteren Beschäftigten, ihre Nützlichkeit, Loyalität und Leistungsfähigkeit, Bescheid weiß, aber in vielen Betrieben und Firmen trotzdem jüngere Mitarbeiter bevorzugt eingestellt werden. Ältere Arbeitnehmer werden frühverrentet und vorzeitig ausgegliedert, Weiter- und Fortbildungsmaßnahmen werden für sie nicht finanziert, Arbeitsbedingungen und Arbeitsorganisation nur selten an die Bedürfnisse der älteren Generation angepasst (vgl. ebenda, S. 106).

Durch Interpretationen des zweiten Alterssurveys aus dem Jahr 2002, einer Repräsentativbefragung der deutschen Bevölkerung durch das Bundesministeriums für Familie, Senioren, Frauen und Jugend, die eine umfassende Beobachtung der Lebensumstände von älteren Menschen zwischen 40 und 85 Jahren darstellt (vgl. Tesch-Römer/Engstler/Wurm 2006, S. 7), konnten bereits viele Schlüsse aus den Entwicklungen am Arbeitsmarkt gezogen werden. So beschreibt zum Beispiel der Soziologe Heribert Engstler, dass sowohl heute als auch in der nahen Vergangenheit so gut wie niemand mit mehr als 65 Jahren in den Ruhestand geht, beziehungsweise gegangen ist, oder aber plant, dies in Zukunft zu tun. Nur sehr wenige Erwerbstätige bleiben über das gesetzliche Rentenalter hinaus berufstätig (vgl. Engstler 2006, S. 146). Es wurde jedoch bereits vor etlichen Jahren physiologisch belegt, dass Leistungseinbußen in der Arbeitswelt nur selten einfach „dem fortschreitenden Alter anzulasten sind, sondern vielmehr einem sehr komplexen Ursachengefüge zu Grunde liegen und oft in Verbindung mit Krankheiten anzutreffen sind" (Schmitz-Scherzer 1973, S. 65). Firmen, die Entscheidungen über Einstellungen und Entlassungen bloß am kalendarischen Alter einer Person ausmachen, das sollte bereits im vorangegangenen Kapitel verdeutlicht worden sein, „versperren sich selbst den Zugang zum größtmöglichen, fachlich geeigneten Angebot an Arbeitskräften" (Frerichs/Naegele 1998, S. 246).

Wirft man einen Blick auf die Erwerbsquote der aktuell Beschäftigten in Deutschland, so stellt man fest, dass in mehr als der Hälfte aller Betriebe keine Arbeitnehmer im Alter von über 55 Jahren beschäftigt sind und dass das durchschnittliche Rentenalter bei ungefähr 60 Jahren liegt, obwohl das gesetzliche Eintrittsalter für den Ruhestand schon längst bei 65 beziehungsweise 67 Jahren festgesetzt ist (vgl. Clemens 2008, S. 101). Worin liegt diese Tatsache begründet? Zunächst einmal wurden die Potentiale und Kompetenzen Älterer über lange Jahre hinweg unterschätzt. Mitte der 1970er Jahre und mit dem Beginn der Massenarbeitslosigkeit setzte ein Frühverrentungstrend in Deutschland ein, bei dem die älteren Arbeitnehmer zur Dispositionsmasse wurden, auf die zum Wohle des Arbeitsmarktes gut und gerne verzichtet werden konnte. Ob Ältere mittels Abfindungen, oder direkt in die gesetzlich finanzierte Rente, verabschiedet wurden, verschiedene Möglichkeiten stellten dabei billigere und sozial akzeptierte Auswege dar, um nicht an den älteren Arbeitnehmern festhalten zu müssen (vgl. Kocka 2008a, S. 223). Begründet wurde dies beispielsweise durch die bereits genannten Altersstereotypen, wie Defizite bei der geistigen Leistungsfähigkeit im Vergleich zu Jüngeren. Verläuft diese Entwicklung auch in Zukunft so fort, stehen wir unter anderem vor einem makroökonomischen Problem: Die Bevölkerungszahl nimmt in den nächsten Jahrzehnten zwar etwas ab, trotzdem werden die Menschen aber auch in der Zukunft auf einem hohen Konsumniveau leben wollen. Jedoch wird es dann wesentlich weniger Personen geben, die diese Konsumgüter und Dienstleistungen produzieren können, weshalb sich die Struktur des Arbeitsmarktes an die demographische Entwicklung anpassen muss, so die Forderung der Experten (vgl. Börsch-Supan 2009, S. 51).

Auch heute noch hoffen viele Unternehmen darauf, sich an den Konsequenzen der demographischen Entwicklung vorbeimogeln zu können, obwohl sie sich dem wachsenden Durchschnittsalter ihrer Belegschaft faktisch überhaupt nicht mehr entziehen können (vgl. Bastian/Tenckhoff 2010, S. 12). Denn aus vielfältigen, zum Teil bereits dargelegten Gründen, muss in Zukunft mit einer Verlängerung der Lebensarbeitszeit gerechnet werden.

Das Bundesministerium für Arbeit und Soziales sieht mit der „Initiative 50plus" bereits einige Maßnahmen vor, „mit denen die Beschäftigungsfähigkeit und die Beschäftigungschancen Älterer verbessert werden sollen" (Thönnes 2007, S. 10), so zum Beispiel die bevorzugte Neueinstellung von Arbeitslosen ab 55 Jahren, und versucht hiermit einen Einstellungswandel bei den verschiedenen Akteuren auf dem Arbeitsmarkt zu bewirken (vgl. ebenda). Auch die Europäische Union versucht den Problemen entgegenzuwirken, will Vorruhestandsregelungen abschaffen und auf das „aktive Altern" im Erwerbsleben setzen (vgl. Opaschowski/Reinhardt 2007, S. 62f.) Insbesondere längerfristige Trends verdeutlichen, dass die Älteren sowohl Hoffnungsträger als auch Problemgruppe auf dem Arbeitsmarkt sein können, wobei ältere, qualifizierte Arbeitnehmer einen wichtigen Beitrag zur Verringerung des drohenden Fachkräftemangels leisten können (vgl. Walwei 2009, S. 73) und müssen (vgl. Thönnes 2007, S. 6).

4.1.1 Das Potential älterer Arbeitnehmer

In einer Arbeit des Soziologen Hans Braun aus dem Jahr 1973 wird die Arbeitsmarktlage für ältere Erwerbstätige noch durchweg pessimistisch eingeschätzt. Bei Verlust des Arbeitsplatzes würde von den in seiner Untersuchung befragten, älteren Arbeitnehmern, nur ein Fünftel damit rechnen, ohne größere Probleme eine gleichwertige neue Arbeitsstelle zu finden. Weit über die Hälfte der Befragten glaubten damals noch überhaupt nicht daran, einen Ersatz für ihren aktuellen Job finden zu können (vgl. Braun 1973, S. 57f.). Man hat sich in Deutschland bis heute daran gewöhnt, dass ältere Arbeitnehmer auf dem Arbeitsmarkt ab 45 oder 50 Jahren keine Chance mehr haben und nicht mehr gefragt sind (vgl. Thönnes 2007, S. 6). Weiterhin besteht ein Problem darin, dass nicht nur das Potential älterer Betriebsangehöriger scheinbar verzichtbar ist, sondern auch darin, dass Ältere ohne betriebliche Erfahrungen, vor allem aufgrund der gesellschaftlichen Bewertung, erst recht keinen Neueinstieg in den Arbeitsmarkt finden (vgl. Wiesner 1999, S. 236). Die Folgen dieser langjährigen Entwicklungen liegen auf der Hand: In Deutschland leben derweil eine große Zahl an Menschen in einem Alter von über 50 Jahren, die sich aussortiert, überflüssig und verunsichert fühlen, und die verzweifelt auf der Suche nach Reintegration in die Arbeitswelt sind (vgl. Schrep 2008, S. 3).

Inzwischen sieht die Lage der Älteren in manchen Bereichen des Arbeitsmarktes aber schon etwas besser aus, man spricht sogar von Hoffnung (vgl. Schrep 2008, S. 5). In einem Artikel der Süddeutschen Zeitung vom 18. Dezember 2010 wird über die „Generation 50 plus" berichtet und über die Pläne unterschiedlicher Betriebe, wie ältere Arbeitnehmer besser eingesetzt werden können (vgl. Deckstein/Haas/Läsker 2010, S. 38). Die Autoren stellen einige Firmen mit Pioniercharakter vor, die von der „Verschwendung des nachwachsenden Rohstoffs älterer Mitarbeiter" (ebenda) profitieren, wie zum Beispiel ein Ingenieursbüro, das gezielt und bevorzugt nach älteren Mitarbeitern sucht, um deren Erfahrungen und Fähigkeiten zu nutzen und letztlich dem drohenden Fachkräftemangel zu entgehen.

Das „Defizit-Modell", nach dem die Kompetenzen und Potentiale Älterer für die Arbeitswelt über lange Jahre hinweg unterschätzt wurden, ist inzwischen bereits durch ein „Kompetenzmodell" ersetzt worden, das älteren Arbeitnehmern viele positive Aspekte zuschreibt: zum Beispiel „Fachlickeit, Sachverstand und Erfahrung in Arbeitsabläufen, soziale Kompetenzen und Teamfähigkeit, Motivation und zumeist hohe Identifikation mit dem Betrieb" (Thönnes 2007, S. 7). Inwiefern müssen also Veränderungen stattfinden, damit die alternde Gesellschaft wirtschaftlich funktionsfähig bleiben kann?

4.1.2 Neue Wege auf dem Arbeitsmarkt

Laut aktuellem Forschungsstand existieren bereits unzählige Ansätze und Vorschläge, wie dem Mangel an qualifizierten Arbeitskräften von Morgen entgegengewirkt werden kann und wie ältere Mitglieder der Gesellschaft besser in die Arbeitswelt (re)integriert werden können.

Die Zahl der Schulabgänger, die im Jahr 2004 noch über eine Million betrug, wird in naher Zukunft immer geringer werden, darauf verweist der demographische Wandel bereits. Dabei spielt es eine wichtige Rolle, dass 2004 knapp 82.000 junge Menschen die Schulen ohne Abschluss verlassen haben, was im Hinblick auf den drohenden Fachkräftemangel für unsere Volkswirtschaft nicht hinnehmbar sein kann (vgl. Heydebreck 2009, S. 90).

Bildung ist demnach nicht nur für die jungen Generationen von immenser Bedeutung, sondern spielt, gerade auch für die älteren Arbeitnehmer, eine wichtige Rolle. Ältere mit geringem Humankapital und Bildungsniveau sind nur schwer im Arbeitsleben zu halten (vgl. Walwei 2009, S. 73), lebenslanges Lernen und die Bereitschaft zur ständigen Weiterqualifizierung sind unverzichtbare Voraussetzungen für alle Akteure am Arbeitsmarkt (vgl. Thönnes 2007, S. 6). Wobei jedoch auch von Seiten der Unternehmen und der Regierung in die Weiterbildung investiert werden muss (vgl. Kocka/Staudinger 2009, S. 49). „Was uns das Leben lehrt, ist, dass wechselnde Aufgaben, wechselnde Umfeldbedingungen, Projektarbeiten, wechselnde Teams, mithin die Teilnahme an stetem Wandel die besten Lehrmeister sind. Sie können Stillstand und Frühpensionierung verhindern" (Heydebreck 2009, S. 93). In diesem Sinne müssen also auch Umschulungen ermöglicht werden, um ältere Arbeitnehmer aus Berufen, die ihre körperliche Leistungsfähigkeit übersteigen, in physisch weniger belastenden Berufen, zum Beispiel im Bildungs-, Gesundheits- oder Sozialwesen, unterbringen zu können (vgl. Schmid/Hartlapp 2008, S. 8). Der Arbeitsplatz sollte altersgerecht und auf die Beschäftigten zugeschnitten sein, nicht etwa umgekehrt (vgl. ebenda, S. 8f.).

Eine weitere Gelegenheit, um das Arbeitskräftepotential langfristig zu stabilisieren, besteht in einer Steigerung der Erwerbsbeteiligung von Frauen (vgl. Roloff 2004, S. 22), die durch eine verbesserte Vereinbarkeit von Familie und Beruf realisiert werden könnte. Ganztägliche Kinderbetreuung und Chancengleichheit für Frauen könnten dafür Sorge tragen, dass Frauen nach der Elternzeit nicht so lange vom Arbeitsmarkt verschwinden und einen leichteren Einstieg zurück ins Berufsleben finden könnten (vgl. Heydebreck 2009, S. 91f.).

Auch Steuern und Abgaben sind ausschlaggebende Argumente bei der Verdrängung älterer Arbeitnehmer vom Markt. „Je höher die Besteuerung eines Einkommen in Relation zu den erwarteten Rentenzahlungen ist, umso geringer ist die Wahrscheinlichkeit, dass die Arbeit weiter ausgeübt wird" (Schmid/Hartlapp 2008, S. 9).

Letztlich ist es, laut den Vorstellungen der Wissenschaft, von großer Bedeutung, eine Neugestaltung im Lebensarbeitszeitkonzept durchzuführen. Anstelle von Nacht- und Wechselschichtsystemen müssten weniger belastende, beziehungsweise alter(n)sgerechte Arbeitszeitgestaltungen vorgenommen werden, „die sich an den wechselnden Anforderungen der individuellen Lebensbiographien" (Seifer 2008, S. 28) orientieren, wenn die Voraussetzungen für ein längeres, aktives Berufsleben geschaffen werden sollen. Würden sich Bildung, Arbeit, Freizeit, Familie und soziales Leben, über den Lebenslauf hinweg und nach den Lebensphasen gewichtet, besser und freier verteilen, wäre in einem langen Leben viel mehr zu erreichen (vgl. Vaupel/von Kistowski 2007, S. 72).

Abschließend bleibt zu sagen, dass die Alterung und Schrumpfung der arbeitsfähigen Bevölkerung langfristig nur durch die Nutzung des Potentials älterer Arbeitnehmer kompensiert werden kann, was sich allerdings nicht einfach spontan oder per Knopfdruck realisieren lassen wird (vgl. Frerich/Naegele 1998, S. 238). Auch wenn es bereits positive Tendenzen in der Zahl der Erwerbstätigkeit Älterer auf dem Arbeitsmarkt gibt, darf nicht darüber hinweggesehen werden, dass immer mehr Personen einfach auf ihren Arbeitsplätzen altern und der durchschnittliche Personalchef nicht etwa plötzlich bevorzugt Ältere einstellt (vgl. Thönnes 2007, S. 16). „Eine längerfristig angelegte, aktive Förderung von Bedingungen" (Frerich/Naegele 1998, S. 238), wie den oben erwähnten, wird ebenso nötig sein, wie ein Abbau von unberechtigten Vorurteilen gegenüber älteren Beschäftigten (vgl. Kerschbaumer/Räder 2008, S. 39), die sich aufgrund eines Idealbilds der Jugendlichkeit und der vermeintlich biologisch bedingten Leistungsfähigkeit in der Gesellschaft breit gemacht haben (vgl. Clemens 2008, S. 116). Die notwendigen Veränderungen werden aus Sicht der Volkswirtschaft von der Bevölkerung akzeptiert, sobald jedem klar wird, dass diese unumgehbar sind und nur Preis für unser langes Leben darstellen (vgl. Bergheim 2004, S. 42ff.).

4.2 Sozialpolitik und soziale Ungleichheit in der Altersgesellschaft

Eines der in der Öffentlichkeit wohl populärsten Themen bezüglich der uns bevorstehenden Folgen der demographischen Neuordnungen und der „Vergreisung" des Landes sind die Auswirkungen des gesellschaftlichen Wandels auf den Sozialstaat. Während in der Geschichte der Menschheit der Lebensunterhalt und die pflegerische Versorgung alter Menschen für sehr lange Zeit durch die eigene Familie geleistet werden musste, werden diese Funktionen heute, im 21. Jahrhundert, aufgrund sozialökonomischer und politischer Entwicklungen durch leistungsfähige Sicherungsformen des Staates geleistet (vgl. Scharper 2008, S. 115). Somit hat die staatliche Förderung und Stützung selbst einen Teil zur Entwicklung der Hochaltrigkeit beigetragen und vor allem auch als Individualisierungsfaktor in der Gesellschaft gewirkt und dazu geführt, dass ältere Menschen die Lebensphase des Alters nicht mehr als defizitäre, sondern als potentiell gestaltbare erleben können (vgl. Amann/Kolland 2008, S. 33).

Die gesetzlichen Kranken-, Pflege- und Rentenversicherungen als Fundament unserer Alterssicherung in Deutschland stehen kurz vor dem Zusammenbruch. Die Beitragssätze werden explodieren und der sogenannte Generationenkrieg steht uns bevor. So heißt es zumindest in apokalyptischen Vorhersagen der Massenmedien. Der Sozialstaat stellt demnach einen wesentlichen Faktor in der Entwicklung des Alter(n)s zum gesellschaftlichen Problem dar (vgl. Backes 1998, S. 257). In der wissenschaftlichen Realität wirken die zu erwartenden Veränderungen und Auswirkungen des demographischen Wandels auf den Sozialstaat und unser System der Alterssicherung zwar bedrohlich, von katastrophalen Zuständen kann aber nicht die Rede sein.

Im folgenden Abschnitt wird dem Leser zunächst in wenigen Sätzen das System der Alterssicherung in Deutschland näher gebracht und im Anschluss die Problematik, die es aufgrund der demographischen Alterung und den gesellschaftlichen Wandlungen erfährt, aufgezeigt. Im Anschluss werden darüber hinaus Lösungsmöglichkeiten angeführt und hinterfragt und auch einige Determinanten sozialer Ungleichheit dargestellt, die die soziale Gerechtigkeit in der deutschen Bevölkerung heute und in der Zukunft bedrohen.

4.2.1 Das System der Alterssicherung

Wie aus den vorigen Kapiteln zu den Auswirkungen des Alterns der Gesellschaft auf die Arbeitswelt hervorgegangen ist, führen das niedrige Erwerbsarbeitsaustrittsalter und die steigende Lebenserwartung zu makroökonomischen Problemen. Darüber hinaus entstehen vor allem auch Probleme für die Leistungsfähigkeit der Sozialkassen und das System der sozialen Sicherung in Deutschland, sogar von einem aufkeimenden intergenerationalen Kampf ist die Rede (vgl. Kocka 2008a, S. 221).

Unser Sozialsystem basiert letztlich darauf, dass die wirtschaftlich Aktiven einen Teil ihres Einkommens an das System der sozialen Sicherung abgeben, welches damit schließlich die Leistungen für die aus dem Erwerbsleben Ausgeschiedenen finanziert (vgl. Braun 1992, S. 70). Die Erwerbstätigen erlangen durch Abgaben ihrerseits ebenfalls einen Anspruch auf Renten und Pensionen, die, wenn sie irgendwann nicht mehr im Erwerbsleben stehen, von den zukünftigen Arbeitnehmern finanziert werden – man spricht von einem Drei-Generationen-Vertrag (vgl. ebenda). Darüber hinaus garantiert der Sozialstaat den Zugang zum medizinischen System und sorgt für die notwendigen Dienstleistungen im Falle von Hilfs- und Pflegebedürftigkeit (vgl. ebenda, S. 93). „Der Wohlfahrtsstaat fungiert als Integrationsinstanz und regelt Phasen des Lebenslaufs zeitlich, sachlich und sozial verbindlich" (Backes 1998, S. 263). Dieses System, womit der Großteil der älteren Menschen in unserer Gesellschaft versorgt wird, wurde bereits Ende des 19. Jahrhunderts eingeführt, einer Zeit, in der in Deutschland eine große Zahl junger Menschen verhältnismäßig wenigen Alten gegenüberstanden (vgl. Birg 2004, S. 38).

Der Generationenvertrag ist nun aber völlig neuen Belastungen ausgesetzt: Entsteht in einer alternden Gesellschaft ein Ungleichgewicht zwischen Beitragszahlern, also der Gruppe der Erwerbstätigen, auf der einen und Beitragsempfängern, der überproportional steigenden Gruppe von Personen in Ausbildung und Ruhestand, auf der anderen Seite, gerät das staatliche Umlagesystem in Schwierigkeiten (vgl. Pohlmann 2004, S. 133). Dadurch, dass sich das Verhältnis von Beitragszahlern und Leistungsempfängern verschiebt, wird die Nachhaltigkeit der Finanzierung in Frage gestellt (vgl. Kroll 2010, S. 172), ein gerechter Austausch zwischen den Generationen kann auf diese Weise womöglich nicht mehr stattfinden, wodurch Anpassungsleistungen des Sozialstaats erforderlich werden (vgl. Backes 1998, S. 258ff.): Demnach könnten die Renten geschmälert werden, was aber im Sinne der Vermeidung von Altersarmut unakzeptabel wäre, oder die Beiträge der jungen Menschen könnten erhöht werden, was eine hohe finanzielle Belastung für die Erwerbstätigen zur Folge hätte. Die dritte Möglichkeit ist in Deutschland mit der Rente ab 67 Jahren bereits in Kraft getreten, die Lebensarbeitszeit wurde erhöht (vgl. Beise 2010, S. 23). Dabei gilt es aber zu beachten, dass das Renteneintrittsalter alleine nicht der ausschlaggebende Faktor sein kann, denn wie im vorangegangenen Kapitel verdeutlicht, muss die Arbeitsmarktsituation älterer Arbeitnehmer verbessert und die Beschäftigungs- und Produktionsreserven der Bevölkerung müssen genutzt werden, wenn ein positiver Effekt durch diese Änderungen erzielt werden soll.

War man sich Ende der 1980er Jahre noch sicher, „daß [sic] nur durch radikale Reform, Garantie allenfalls von Mindestsicherungsniveaus, vollständiger oder teilweiser Ausgrenzung von Leistungen den künftigen Anforderungen an verteilungspolitisch akzeptable Bedingungen sowie an ökonomisch tragbare Soziallasten Rechnung getragen werden kann" (Rosenberg 1987, S. 223), so gehen die Meinungen heute auseinander. Teilweise ist die Rede von wachsenden Kosten der sozialen Sicherung und Rissen im System (vgl. Scharper 2008, S. 116), sowie einer notwendigen Verschiebung des finanziellen Risikos vom Staat zurück zum Individuum (vgl. Amann/Kolland 2008, S. 34). Andere Stimmen behaupten, „die Sicherungssysteme funktionieren und bilden auch in Zukunft ein stabiles Netz in Deutschland" (Krohn 2010, S. 12), solange die Bevölkerung auch private Ansparprozesse vornimmt.

Laut Krohn besteht hiernach eine weitere Anpassungsmöglichkeit in der Umstellung des Umlageverfahrens auf ein Kapitaldeckungsverfahren, bei dem die Beiträge privat angespart und erst bei Renteneintritt ausgezahlt werden. Von Kritikern des Sozialstaates wird eine stärkere finanzielle Eigenvorsorge der Bevölkerung gefordert, um hierdurch eine Entlastung für die staatliche Sicherung zu bewirken (vgl. Amann/Kolland 2008, S. 34). Ob das deutsche Umlagesystem weiterhin funktionieren kann, wird sich jedoch erst in einigen Jahren zeigen, wenn die eigentliche Belastungsprobe durch den demographischen Wandel bevorsteht.

4.2.2 Drohende Armut und Ausgrenzung?

Bisher wurde herausgestellt, dass der deutsche Sozialstaat in seiner ursprünglichen Form und unter den Bedingungen der demographischen Entwicklungen für die Zukunft einiger Überarbeitungen bedarf, darüber ist man sich in Politik, Wirtschaft und Wissenschaft weitestgehend einig. Während Kritiker für einen radikalen Abbau plädieren, wollen ihn Befürworter zumindest im Kern beibehalten, um den Ausgleich marktwirtschaftlich bedingter sozialer Ungleichheit auch weiterhin aufrecht erhalten zu können (vgl. Bührer 2010, S. 30). Das Fortbestehen des Sozialstaates erscheint für die Zukunft vor allem für den gering qualifizierten Teil der Bevölkerung von großer Bedeutung, der einer gut qualifizierten Bevölkerungsmehrheit gegenüberstehen wird (vgl. Kroll 2010, S. 173), die sich weniger Sorgen um die eigene Alterssicherung machen muss. Die gering Qualifizierten werden aber, laut dem Soziologen Lars Kroll, mit ihren schlecht entlohnten Erwerbstätigkeiten oder durch ihre Arbeitslosigkeit, in Zukunft vor allem im Alter nicht mehr ausreichend wirksam gegen Armut abgesichert sein. So müssen die Bürger bereits seit 1990 mit deutlichen Kürzungen der Sozialleistungen leben (vgl. ebenda). Wenn auch nur ein kleiner Einschnitt, so entschied das Bundessozialgericht beispielsweise ganz aktuell, dass ein Fernseher nicht mehr zur Grundausstattung eines Sozialhilfeempfängers gehört[5].

Auch wenn es in den letzten Jahren gelungen ist, eine nachhaltigere Grundlage zur Finanzierung der sozialen Sicherungssysteme zu schaffen, zum Beispiel durch Erhöhung der Beschäftigungsquoten und Senkung der Arbeitslosenzahlen, so stehen die gering qualifizierten Bevölkerungsschichten trotzdem vor großen sozialen Einbußen, wie sinkender Lebensqualität und der Verdrängung vom regulären Arbeitsmarkt in Teilzeit- oder geringfügige und befristete Beschäftigungsverhältnisse, die das Armutsrisiko über die gesamte Lebensspanne hinweg erhöhen (vgl. ebenda, S. 174).

Gerade ältere Frauen haben schlechte Chancen, eine Beschäftigung zu finden und können sich in Zukunft nicht mehr auf die „subventionierte Hausfrauenehe" (Backes 2005, S. 37) bis ins hohe Alter hinein verlassen. Frauen haben es im Alter besonders schwer, in der Gesellschaft eingebunden zu sein und die Wahrscheinlichkeit ist groß, dass sie in sozial problematische Lebenslagen abdriften (vgl. ebenda, S. 35). Sie sind häufiger materiell eingeschränkt, dazu gezwungen, familiale Leistungen zu erbringen, die ihrer gesundheitlichen Situation nicht angemessen sind und leben in der Regel länger als Männer, was sie nicht nur in die Einsamkeit führt, sondern sie auch häufiger von der institutionellen Pflege bis zum Tod hin abhängig macht (vgl. ebenda).

Die Entfernung aus dem Erwerbsarbeitsleben stellt meist einen Akt der Exklusion dar, einen Ausschluss vom aktiven Leben, Ausgrenzung von Teilnahme-, Anerkennungs- und Sinnfindungsmöglichkeiten in der Gesellschaft (vgl. Kocka 2008b, S. 6f.). Das Ausscheiden aus der Berufstätigkeit darf aber auch in einer alternden Gesellschaft keine Vertreibung sein,

---

[5] vgl. O.V. (2011): **Focus Online**: Kein Extrageld fürs Fernsehen. URL:
http://www.focus.de/finanzen/recht/hartz-iv-urteil-kein-extrageld-fuers-fernsehen_aid_603114.html (Stand: 24.02.2011, Abfrage am: 07.03.2011).

der die soziale Vernichtung folgt. Mit den Worten Frank Schirrmachers: „Das Land wird alt, und die Kultur, die wir geschaffen haben, nimmt den Alternden alles: das Selbstbewusstsein, den Arbeitsplatz, die Biografie und manchmal sogar das Leben" (Schirrmacher 2004b, S. 78). Nicht nur unsere Kultur muss sich demnach an die gesellschaftlichen Veränderungen anpassen, auch die sozialen Sicherungssysteme werden durch die alternde und schrumpfende Bevölkerung mit Schwierigkeiten konfrontiert sein. So haben bisherige Transformationen des Sozialstaates bereits zu einer beträchtlichen Verschärfung sozialer Ungleichheiten geführt (vgl. Kroll 2010, S. 175).

4.3 Lebenslauf und Lebensformen

Die Auswirkungen der demographischen Entwicklung stellen jeden Einzelnen sowie die gesamte deutsche Bevölkerung nicht nur vor ökonomische und politische, sondern auch vor soziokulturelle Herausforderungen und Wandlungen. In den vergangenen Jahrzehnten haben sich vor allem Veränderungen in den Lebensstilen, dem privaten Leben der Menschen, vollzogen, die dem Leser in diesem Kapitel nahegelegt werden sollen. So findet Altern heute in Mitten von Pluralisierungs- und Enttraditionalisierungsprozessen statt, die ein enges Korsett an Lebensumständen und standardisierten Lebenswegen sprengen und durch eine Vielzahl neuer Formen der Lebensgestaltung ablösen (vgl. Schweppe 1999, S. 577). Versteht man diese Veränderungen als individuelle Anpassungen an gesellschaftliche Bedingungen, so entstehen neue Bedürfnisse, Orientierungen und Handlungsweisen, nach deren Entwicklungsmöglichkeiten im Folgenden gefragt wird (vgl. Maier 2008, S. 219).

Was sich im Einzelnen verändert hat und auch noch weiter verändern wird, ist nicht nur in einer Fülle der hier zitierten Literatur nachzulesen, sondern auch für jeden im Alltag zu beobachten. Die Rede ist von neuen Formen der Lebensführung, zum Beispiel von der Entberuflichung des Alters, der Feminisierung und Singularisierung des Alters und der Zunahme der Hochaltrigkeit (vgl. Tokarski 1998, S. 112).

Im Folgenden werden zunächst einige dem demographischen Wandel geschuldete Veränderungen der Lebensstile der älteren und alten Menschen in der heutigen Zeit erläutert und im Anschluss neue Formen familiärer Strukturen und der generationenübergreifenden Solidarität aufgeführt. Schließlich wird verdeutlicht, welche besondere Rolle die vermeintliche Freizeit im Alter für eine alternde Gesellschaft spielt.

4.3.1 Individualisierung und Pluralisierung von Lebensstilen

Jede Generation hat eine andere, individuelle Definition vom Alter, bedingt durch unterschiedliche Lebens- und Rahmenbedingungen ihrer historischen Epoche, wobei die relevanten Determinanten für das Alterserleben von „Regelungen der sozialen Sicherung, der Pflege und Gesundheitsvorsorge [...] sowie strukturellen Zwängen von Wohnangeboten, Freizeitmöglichkeiten und Mobilitätshilfen" bestimmt werden (Helfferich 2008, S. 33).

Unter Lebensstilen ist demnach die Gesamtheit der Verhaltensweisen, Orientierungen und Werthaltungen von Menschen zu verstehen, die durch materiellen Wohlstand, die neu gewonnenen Freiräume und die Autonomie jenseits traditioneller Normen der Individuen in der modernen Gesellschaft eine neue Vielfalt erlebt haben, was einen Gewinn neuer Freiheiten und die Abkehr von vorbestimmten Altersrollen bedeutet (vgl. Thieme 2008, S. 234). „Lebensstil meint nichts anderes als die typische individuelle oder kollektive Form der Lebenslage, der Lebensführung und/oder der Organisation des Lebens" (Tokarski 1998, S. 112).

Die Zeitspanne des dritten Alters, dem sogenannten jungen Alter, in dem man sich heute nach verschiedenen Lehrmeinungen ab etwa 60 bis 85 Jahren befindet, stellt eine positive und aktive Phase des Lebens dar. Immer mehr Menschen leben in diesem Alter, trotz des Austritts aus dem Erwerbsleben, autonom und tragen weiterhin zum Sozialleben und der gesellschaftlichen Produktivität bei (vgl. Baltes 2007, S. 30). Die Gruppe der jungen Rentner, oder auch der älteren Arbeitnehmer, ist dabei, sich einem Generationenwandel zu unterziehen. Sie profitieren größtenteils von einem recht hohen Lebensstandard (vgl. Kricheldorff 2008, S. 237f.) und führen, laut einer Studie des Sozialwissenschaftlers Rolf Stadié, bereits seit den 1980er Jahren ein selbstständiges und ausgefülltes Leben (vgl. Stadié 1987, S. 110). Arbeit ist heutzutage auch im Alter immer weniger existenz- und identitätsbestimmend und als Bezugsgröße der Lebensführung von anderen Funktionsbereichen wie Familie, Bildung, Konsum, Ideologie, Unterhaltung, usw. abgelöst worden (vgl. Tokarski 1989, S. 22), worauf im späteren Verlauf der Arbeit noch näher eingegangen wird. Niemand möchte fast ein Drittel seines Lebens nur mit „Ausruhen" verbringen. Es gibt viele verschiedene alte Menschen, die eine Palette von Möglichkeiten, Bedürfnissen und Wünschen besitzen, diese Vielfalt auszuleben, was zu einer großen Variabilität der Lebensstile, zumindest im jungen Alter, führt (vgl. Schachtner 1987, S. 403).

Nach dem dritten Lebensalter folgt jedoch häufig ein eingeschränkterer und abhängigerer Lebensabschnitt, in dem die Pluralität der Lebensformen und -stile deutlich reduziert ist. Wir leben zwar sehr lange, doch unser Körper leidet irgendwann unter einer „tief sitzenden und nur schwer zu korrigierenden biokulturellen Konstruktionsschwäche" (Baltes 2007, S. 30), in der das menschliche Entwicklungspotential seine Grenzen findet. Die gesundheitlichen Beschwerden nehmen zu, Abhängigkeiten und Handlungsrestriktionen entstehen und die Aufgabe der Hobbys und des Haushalts, sowie Pflege durch Familie oder Institutionen werden womöglich notwendig (vgl. Clemens 2004, S. 46).

Was die Wohnbedürfnisse angeht, so favorisieren die Älteren vor allem den längst möglichen Verbleib in der eigenen Wohnung, um sich den Erhalt ihrer Selbstständigkeit zu sichern. Der Aufenthalt in Alten- und Pflegeheimen ist für die Befragten einer Studie keine Alternative zu den eigenen vier Wänden und wird zumeist erst von Hochbetagten in Anspruch genommen, wenn es für sie keine andere Möglichkeit mehr gibt oder wenn sie dem Alleinsein entgehen wollen (vgl. Schachtner 1987, S. 394). Auch die für die Moderne typische Singularisierung, das Alleinsein im Alter, das unter anderem ein Produkt der Pluralisierung der Lebensformen, der Loslösung von traditionellen Familienformen und der höheren Lebenserwartung von Frauen, der sogenannten Feminisierung, darstellt, schränkt die Lebensstile der betroffenen Personen ein (vgl. Thieme 2008, S. 235). In gemeinschaftsorientierten Wohnformen sieht man heute das Potential, gegenseitige Hilfe und Unterstützung zu bieten und sich an die Bedürfnisse und Wünsche der künftig alternden Generationen anzupassen (vgl. Kricheldorff 2008, S. 246).

Welche Schlüsse können also aus den vielfältigen Gestaltungsmöglichkeiten des modernen Lebens gezogen werden? In der Literatur wird deutlich, dass der alternde Mensch sich heutzutage dem Ideal der Jugend immer wieder anpassen muss, um nicht in eine Sonderwelt abgeschoben zu werden, in der er Patient oder Betreuer ist. Wer nicht mehr über die nötigen Kompetenzen verfügt, sein Leben individuell zu gestalten, verliert seinen gesellschaftlichen Wert (vgl. Schachtner 1987, S. 403). Probleme mit der Gesundheit, mit Geld, durch Isolation, usw. werden demnach dem Alter zugeschrieben, weshalb sich neue Formen des Alterns herausgebildet haben, um dem hohen Wert der Jugend länger entsprechen zu können (vgl. Degele 2008, S. 165). Die neu gewonnenen Jahre werden von den „Alten" bereits in vielfältiger Art und Weise aktiv genutzt, so zum Beispiel für Freizeit, bürgerschaftliches Engagement oder ehrenamtliche Arbeit. Die Zeit könnte aber darüber hinaus, wie im Folgenden gezeigt wird, noch vielmehr zur Auflösung der Belastungen durch Arbeit, Familie und Bildung in den jungen und mittleren Jahren genutzt werden (vgl. Staudinger 2009, S. 143f.).

4.3.2 Familiäre Strukturen und Generationenbeziehungen

Mit dem demographischen Wandel wird oftmals auch die Krise der Familie in Zusammenhang gebracht, ihr Aussterben und ihr Funktionsverlust wird in Medien und Politik diskutiert (vgl. Maier 2008, S. 222). So heißt es, dass die nicht vorhandene Familie zukünftig für einen Großteil der Bevölkerung wohl durch freundschaftliche Netzwerke ersetzt werden muss und dass diese Wahlfamilien sich womöglich als Kulturmuster durchsetzen werden (vgl. ebenda, S. 228). Doch diese Aussage kann so nicht verallgemeinert werden. Es gilt zu prüfen, welche Sozialbereiche und Interaktionspartner für das Handlungssystem der alternden und alten Personen in Zukunft relevant sein werden (vgl. Clemens 2004, S. 53).

Auch wenn viel von Pluralisierung und Individualisierung der Lebensformen die Rede ist und diese im hohen Alter dazu führen, dass sich die sozialen Netze um die Familie herum verkleinern, so heißt das nicht automatisch, dass die traditionelle Familie, die sogenannte Normalfamilie, bestehend aus einem Ehepaar mit Kind(ern) und dem Zusammenleben von zwei bis maximal drei Generationen unter einem Dach, verschwunden ist, beziehungsweise aussterben wird. Es bestehen darüber hinaus aber Lebensformen wie das Singledasein, die Alleinerziehenden, Lebensgemeinschaften, Kinderlose, Patchworkfamilien, usw., die neu dazugekommen sind (vgl. Beck-Gernsheim 1993, S. 262).

Der demographische Wandel und die damit einhergehende längere Lebenserwartung haben dazu geführt, dass Kinder ihre Eltern und Enkelkinder ihre Großeltern viel länger erleben können. Laut Untersuchungen von Frank Thieme hat es bisher keinen Trend zur Lockerung von Familienbanden gegeben und die Bedeutung der Familie, egal in welcher Form, spielt nachwievor eine zentrale gesellschaftliche Rolle (vgl. Thieme 2008, S. 260ff.). In einer Längsschnittstudie aus den Jahren 1996 und 2006 wurden die Beziehungen zu ihren Familien von fast allen Befragten konstant als durchweg positiv eingeschätzt. Familienangehörige bleiben die wichtigsten Kontaktpersonen, auch wenn die Kontakthäufigkeit und die räumliche Nähe der Haushalte von Eltern und Kindern während des zehnjährigen Abstands der Untersuchungswellen abgenommen haben (vgl. Hoff 2006, S. 279).

Durch die räumliche Entfernung der Generationen, die sich am besten durch die Formel „innere Nähe" bei „äußerer Distanz" beschreiben lässt, entstehen zeitliche und logistische Probleme bei der Zusammenführung der Familie, die die logische Schlussfolgerung nach sich ziehen, dass sich Familienmitglieder weniger um die Alten kümmern können (vgl. Pohlmann 2004, S. 130). Die Zahl der „kinderreichen Eltern" nimmt in Zukunft immer weiter ab, wohingegen die „elternreichen Kinder" immer häufiger werden. Es werden also weniger

Kinder geboren, die sich nicht um alle mit ihnen verbundenen Teile der Elterngeneration kümmern können, wodurch familiäre Unterstützungsbeziehungen leiden können (vgl. Maier 2008, S. 231). Da die sozialen Netzwerke der älteren Menschen vorwiegend aus Gleichaltrigen bestehen, wäre es auch in diesem Sinne vorteilhaft, Rahmenbedingungen zu schaffen, die es Vertretern von Jung und Alt auch außerhalb der Familie ermöglichen würden, in Kontakt zu treten und Beziehungen aufzubauen, um sich gegenseitig zu helfen, voneinander zu lernen und einen Verteilungskampf zwischen den Generationen zu vermeiden (vgl. Pohlmann 2004, S. 131).

Wir können also festhalten, dass neue Lebensformen auf der einen Seite neue Freiräume und Wahlmöglichkeiten schaffen können, dass es aber im Hinblick auf die Alterung der Gesellschaft auch nötig sein wird, Formen jenseits der traditionellen Familie zu finden, um Unterstützung und Betreuung im hohen Alter sicherzustellen (vgl. Beck Gernsheim 1993, S. 263f.). Wie die Lage der Pflegebedürftigen alten Menschen heute und in der Zukunft aussieht, wird in Kapitel 6 näher erläutert, im Anschluss werden die Ressourcen Freizeit und Technik im Alter diskutiert.

4.3.3 Freizeit und die freie Zeit

Freizeit ist ein Komplementärbegriff zur Arbeitszeit, also die Zeit, die dem Arbeitenden zum Ausgleich des Berufsalltags zur Verfügung steht, in der er sich von den Strapazen und der Müdigkeit der Arbeit erholen kann – so lautet zumindest eine Definition aus dem Jahr 1964 (vgl. Gesellschaft für Sozialen Fortschritt e.V. 1964, S. 35). Auch bei älteren, nicht mehr berufstätigen Menschen gibt es heute Freizeit, die im Kontrast zu einer Zeit steht, in der die alltäglichen Pflichten wie Hausarbeit, Arztbesuche, Behördengänge oder ähnliches, anfallen. (vgl. Machkroth/Ristau 1993, S. 291). Mit dem Berufsaustritt entsteht bei älteren Menschen ein Vakuum, ein plötzlicher Überschuss an freier Zeit, was jedoch bei den Meisten nicht etwa zu Isolation, Langeweile oder Unausgefülltheit führt, sondern oft für Tätigkeiten in der Familie oder mit Freunden, ein Seniorenstudium, zivilgesellschaftliches oder bürgerliches Engagement, Sport, ehrenamtliche Arbeit, Vereinstätigkeiten, usw. genutzt wird (vgl. Kocka/Staudinger 2009, S. 89). Freizeit spielt eine bedeutende und oftmals unterschätzte Rolle für ältere Menschen und somit auch für die Gesellschaft, denn meist wird nach sinnvollen Beschäftigungen gesucht, um bisherige Lebensstile weiter führen zu können (vgl. Mackroth/Ristau 1993, S. 292).

Für die Zivilgesellschaft stellt die wachsende Zahl älterer Menschen eine wichtige Ressource dar, die bei entsprechender Förderung überaus nützlich für die Stärkung und Dynamisierung der Allgemeinheit sein kann. Denn nicht nur die Lebensqualität und die Kompetenzen der alten Menschen bleiben durch bürgerschaftliches Engagement im Ruhestand erhalten, sondern auch gesellschaftliche Probleme können auf diese Weise gelöst werden, die moderne Gesellschaft könnte auf diese Energiezufuhr zwischen Markt und Staat angewiesen sein (vgl. Kocka 2008a, S. 228f.). Gerade mit der Abschaffung des Wehrdienstes und ebenso des Zivildienstes, wodurch viele Stellen unbesetzt bleiben, könnten zum Beispiel auch ältere Menschen ein soziales Jahr absolvieren oder mit einer sozialen Tätigkeit helfen (vgl. Höll 2010, S. 6). „Bürgerschaftliches Engagement ist mehr als nur eine zeitgemäße Form der Altersaktivität. Sie ist das Kernelement eines völlig neuen Vergesellschaftungsmodells, das mit der Betonung der Ressourcen und der Handlungspotentiale das Leitbild des verdienten Ruhestands ergänzt" (Amann/Kolland 2008, S. 37).

Die Tätigkeiten der Rentner könnten dabei von der „Leihoma" und der vorschulischen Arbeit mit Kindern, über das Engagement in der Politik, im Naturschutz und in verschiedenen NGO's, bis hin zur Betreuung von pflegebedürftigen Alten durch junge Alte reichen (vgl. Kocka 2008a, S. 228). Eine wichtige Prämisse wäre jedoch, dass die zivilgesellschaftliche Verpflichtung von Senioren nicht bloß zum Ausbügeln der staatlichen und öffentlichen Mängel genutzt werden darf, indem das Alter nur auf eine unentgeltliche, instrumentalisierbare Nützlichkeit reduziert werden würde (vgl. Amann/Kolland 2008, S. 37).

Wie im folgenden Kapitel gezeigt wird, spielen dabei auch der Umgang und die Adaption moderner Technik eine wichtige Rolle für die aktive Gestaltung des Lebens im Alter.

4.3.4 Technik im Alter

„Wir leben technisch, der Mensch als Beherrscher der Natur, der Mensch als Ingenieur, und wer dagegen redet, der soll auch keine Brücke benutzen, die nicht die Natur gebaut hat. Dann müßte man schon konsequent sein und jeden Eingriff ablehnen, das heißt: sterben an jeder Blinddarmentzündung. Weil Schicksal! Dann auch keine Glühbirne, keinen Motor, keine Atom-Energie, keine Rechenmaschine, keine Narkose – dann los in den Dschungel!" (Frisch 1957/1977, S. 107)

Wie schon Max Frisch in seinem Werk „Homo faber" festgehalten hat, ist unser Leben geprägt von technischen Errungenschaften: Kommunikation und Mobilität, Freizeitgestaltung,

Information und Haushaltsführung. All das ist in der modernen Gesellschaft nicht mehr ohne technische Unterstützung umsetzbar oder überhaupt denkbar. Technik und unzählige Technologien erleichtern den Menschen die alltägliche Lebensführung und die gesellschaftliche Teilhabe (vgl. Mollenkopf 1998, S. 217). Gleichzeitig müssen ältere Menschen sich aber auch in zunehmendem Maße mit dieser fortschreitenden Technisierung auseinander setzen, müssen mit der Technik Schritt halten und Technikkompetenz entwickeln, um dem gesellschaftlichen Ausschluss zu entgehen und um zu vermeiden, dass ihnen Nachteile gegenüber der Jüngeren entstehen. Schnell wird die technische Kompetenz zur Determinante sozialer Ungleichheit, die sich nicht mehr auf andere Art und Weise substituieren lässt (vgl. Reichert 2001, S. 57f.). Wie gut jemand neue Technologien und Automatisierungsprozesse adaptieren kann, hängt weitgehend vom Alter, beziehungsweise der Zugehörigkeit zu einer bestimmten Geburtskohorte, der persönlichen Bildung und der Motivation, Neues zu lernen, ab (vgl. Mollenkopf/Kaspar 2004, S. 193). Den älteren Mitgliedern der Gesellschaft muss es demnach ermöglicht werden, Kompetenzen im Umgang mit neuen Techniken zu sammeln und den Nutzen darin zu erkennen (vgl. Reichert 2001, S. 138f.). Der Umgang mit neuen Technologien muss über das gesamte Leben hinweg immer neu erlernt werden, damit diese auch im hohen Alter noch Anwendung finden können (vgl. Lindenberger 2007, S. 224). Wer im Gebrauch mit Fahrkarten- oder Bankautomaten geübt ist, für den bedeuten diese Geräte eine Alltagserleichterung, für Ungeübte stellen sie jedoch eine unüberwindliche Barriere dar (vgl. Mollenkopf/Kaspar 2004, S. 194).

Technik ist also in gewisser Weise eine „Freundin des Alterns", sie kann einen wesentlichen Beitrag zum erfolgreichen Altern leisten, indem beispielsweise Informationstechnologie ein „Tor zur Welt" für alte Menschen öffnet. Sie kann aber auch den körperlichen Einschränkungen des Alters entgegen wirken, diese ausgleichen oder abschwächen. Durch Überwachung und Training liegt in ihr die Möglichkeit verborgen, im Alter länger selbstständig und in gewohnter häuslicher Umgebung zu leben (vgl. Kocka/Staudinger 2009, S. 73ff.).

Darüber hinaus muss sich natürlich auch die Wirtschaft den Voraussetzungen des demographischen Wandels anpassen und funktionale, leicht bedienbare, altersgerechte Technologien und Produkte entwickeln. Ein Fußboden, der dem Rettungsdienst automatisch mitteilt, wenn in seiner Wohnung gefallen ist und nicht mehr selbstständig aufstehen kann, gibt es bereits (vgl. Trauthig 2010, S. 17). Auch von Effizienzsteigerungen für Alten- und Pflegeheime durch den vermehrten Einsatz von medizintechnischer Versorgung und telemedizinischen Anwendungen ist die Rede (vgl. Holger 2010, S. 12). Sogar die

Rettungsdienste könnten in Zukunft mit einem „Teledoc" zusammenarbeiten, der in einer Zentrale über Videokamera in den Rettungswagen geschaltet wird, den Notarzt vor Ort somit ersetzen könnte - um dem Ärztemangel und der wachsenden Zahl alter Patienten in der Zukunft gerecht zu werden.[6]

5. Das „vierte Alter"

Vieles, was wir heute über unser Altern und das Alter wissen, macht uns Hoffnung. Wir leben gesünder und länger als unsere Eltern und Großeltern, erhalten größtenteils eine bessere Bildung, sind finanziell abgesichert und haben viel mehr Möglichkeiten, unser Leben bis ins hohe Alter hinein frei zu gestalten. Technische Errungenschaften haben unsere Welt revolutioniert und unsere Lebensbedingungen geformt. Wie zuvor beschrieben können wir großen Nutzen aus diesem Fortschritt ziehen, vor allem die moderne Medizin ist unabdingbar mit der Technologie verbunden und ohne diese unvorstellbar.

Allerdings bezogen sich die voranstehenden Überlegungen zumeist auf die „jungen Alten" oder auch das „dritte Alter", das im Allgemeinen auf das Alter zwischen 60 und 80 Jahren datiert wird. Das „vierte Alter" aber, eine Lebensphase, in der dem Zugewinn an Lebensjahren oftmals kein Zugewinn an Lebensqualität mehr folgt, die Hochaltrigkeit, die häufig aber schon vor dem 80ten Lebensjahr beginnt, mit alterstypischen Krankheiten, Multimorbidität und Hilfsbedürftigkeit einhergeht und durch Todesnähe gekennzeichnet ist, stellt ebenfalls einen wichtigen Ausgangspunkt für die Betrachtung der Chancen und Herausforderungen einer alternden Gesellschaft dar, denn die Qualität einer Gesellschaft lässt sich, nicht zuletzt, auch in ihrem Umgang mit dem hohen Alter und dem Tod messen (vgl. Kocka 2008a, S. 232f.).

Es konnte im Verlauf der Arbeit bereits gezeigt werden, dass wir nicht alleine alt werden, sondern unser Leben in einem Netz von Familie und Freunden bestreiten und Mitglied in verschiedenen Gemeinschaften, Organisationen und Verbünden sind, die für uns genauso wichtig sind, wie wir umgekehrt für sie (vgl. Tesch-Römer/Andrick 2011, S. 131). Zwar stehen, im Falle der Hilfs- und Pflegebedürftigkeit, die eigenen Familienmitglieder auch heute noch an vorderer Stelle, allerdings verbringen auch immer mehr alte Menschen immer längere Abschnitte im Umfeld von Alten- und Pflegeheimen oder Krankenhäusern, wodurch ganz spezifische Probleme entstehen (vgl. Vaskovics 2004, S. 167). In diesem Kapitel soll dem

---

[6] vgl. Fernsehsendung „hitec" (3sat) vom 31.01.2011, abzurufen unter www.3sat.de (letzter Abruf 04.03.2011/Stand 26.01.2011)

Leser die Kultur des Sterbens in der heutigen Zeit näher gebracht werden. Die Problematik der Institutionalisierung und Medikalisierung, sowie des sozialen Sterbens in der modernen Gesellschaft soll angeführt und die dadurch entstehenden Schwierigkeiten verdeutlicht werden. Als Gegentrend zur fortschreitenden Entfremdung und Institutionalisierung des letzten Lebensabschnitts soll schließlich das Hospiz vorgestellt werden und damit auch ein alternativer Weg, um das „vierte Alter" in der Moderne würdevoll abzuschließen.

5.1 Die Kultur des Sterbens

Das Alter bleibt der Übergang zum Tod. Gerade in einer alternden Gesellschaft, in der mehr gestorben als geboren wird, drängt sich das Thema „Umgang mit Sterben und Tod" in den Vordergrund öffentlicher Debatten (vgl. Gronemeyer 2005, S. 207), wobei sich eine alternde Gesellschaft nicht nur die Frage stellen muss, ob finanzielle Mittel für Abwrackprämien, Bio-Kraftstoffe und Nackt-Scanner aufgebracht werden sollten. Sondern auch ob unsere Gelder, im Hinblick auf die demographischen Veränderungen, im Pflegesektor, zum Beispiel in angemessenen Gehältern für Pflegefachkräfte, nicht sinnvoller aufgehoben wären.

Sterben und Tod sind Dinge, über die wir nur ungerne oder überhaupt gar nicht nachdenken. Das frühe Sterben in jungen Jahren ist zur gesellschaftlichen Ausnahme geworden, weshalb sich das Alter zu einem selbstverständlichen Teil des Lebens gewandelt hat (vgl. Tesch-Römer/Andrick 2011, S. 101). In der vormodernen Gesellschaft hatte man sich mit Erreichen des 35. Lebensjahres bereits von einer Reihe von Verwandten, Freunden, Bekannten und Altersgenossen verabschiedet und musste sich jederzeit auf das eigene Ableben oder das der Angehörigen einstellen. Man hatte in jedem Augenblick des Lebens mit dem Tod zu rechnen, weshalb er etwas sehr Reales war, eine Situation, die immer wieder auftrat und mit der man sich ständig auseinander zu setzen hatte (vgl. Hahn 1968, S. 22).

Heute ist das Ende des Lebens säkularisiert, wird nicht mehr als Vorbereitung auf eine andere Existenzform oder als Durchgangsstadium für ein Leben im Jenseits betrachtet und hat somit seinen eigentlichen „Sinn" verloren. Wir leben größtenteils völlig Diesseitsbezogen (vgl. Gronemeyer 2005, S. 211). Darüber hinaus kommen heute nur wenige direkt mit dem Tod eines anderen in Berührung. Nur aus Bildern in Film und Fernsehen, aus idyllischen Sterbeszenen oder schrecklichen, aber weit entfernten Katstrophen mit vielen Opfern, kennen wir den Tod. Die Realität des Sterbens sieht meist anders aus: „Die häufig vorausgehenden Phasen des Wundliegens, der Inkontinenz, der geistigen Umnachtung, die unangenehmen Gerüche, […] bleiben verborgen" (Nölle 1997, S. 16).

Dadurch ist der Tod weiter als je zuvor in die Phase des hohen Alters verschoben worden: „Indem der Tod ein exklusives Problem des Alters wird, ist er gleichzeitig ein „Kein-Problem" für Jüngere" (Hahn 1986, S. 24), wodurch der angemessene Umgang mit ihm nicht mehr erlernt werden kann, sondern zumeist erst in hohem Alter am eigenen Körper erfahren wird. Laut den Soziologen Alois Hahn und Matthias Hoffmann können wir jedoch nicht von einer Verdrängung des Todes ausgehen, sondern eher von einem fehlenden Todesbewusstsein, aufgrund des nicht vorhandenen direkten Kontakts mit Sterben und Tod (vgl. Hoffmann 2011, S. 158).

Wurden in früheren Zeiten die Alten und Sterbenden noch bis zu ihrem Ableben Zuhause gepflegt, so fehlen heute oft die Voraussetzungen, um ein Sterben im eigenen Heim zu ermöglichen. Immer mehr Menschen müssen in Kliniken oder Pflegeheimen versorgt werden. Aufgrund der in den vorangehenden Kapiteln bereits angesprochenen Veränderungen der Lebensformen und Lebensstile, den modernen familiären Strukturen und dem finanziell hohen Aufwand, kann die Pflege hochaltriger und sterbender Menschen eine enorme Belastung für die Familien und Angehörigen bedeuten. Heute sind bereits 83% aller Pflegebedürftigen über 65 Jahre alt und ein Drittel von ihnen wohnt nicht mehr im eigenen Haushalt, sondern wird in Pflegeheimen betreut. Auch der Anteil der alleinlebenden Pflegebedürftigen hat sich von 20% in den 90er Jahren auf heute 31% deutlich erhöht, wobei alternative Wohnformen, wie Betreutes Wohnen und Wohngemeinschaften, mit nur 3%, eine sehr untergeordnete Rolle spielen (vgl. Tesch-Römer/Andrick 2011, S. 87f.).

Das Gesundheitssystem und die Medizin stehen somit vor einer schwierigen Herausforderung: Die Zahl alter, pflegebedürftiger Menschen wird in den nächsten Jahren vermutlich weiter ansteigen. Die Kernaufgaben der modernen Medizin sind aber dem Kampf gegen den Tod und der Herstellung von Gesundheit gewidmet. Die Versorgung Sterbender spielt eine untergeordnete Rolle, was dazu führt, dass nur in geringem Maße Rücksicht auf ihre Wünsche und Bedürfnisse genommen werden kann (vgl. Dreßke 2005, S. 11f.). Patientenorientierung kann man sich, aufgrund von Effizienzerfordernissen und wirtschaftlichem Druck, weder in Krankenhäusern noch in den meisten Alten- oder Pflegeheimen leisten (vgl. Blüher 2004, S. 30). Es ist „eine fremdbestimmte, neue Institutionalisierung der letzten Phase des Lebenslaufs [erfolgt], die sich dadurch auszeichnet, dass diese fast ausschließlich von Muss- und Soll-Normen geprägt wird. Der letzte Abschnitt des Lebens wird bei diesen Menschen zu einer fremdbestimmten Lebensphase" (Vaskovics 2004, S. 179).

Wir sterben hochbetagt und meist an Krebs, Herz-Kreislauf-Erkrankungen oder ähnlichen, chronischen Krankheiten, die den Sterbeprozess in eine langwierige Phase verwandeln und letztlich den Tod, auch aufgrund der notwendigen intensiven medizinischen Behandlung, ins Krankenhaus verlagern. Man spricht von der Institutionalisierung des Todes (vgl. Hahn/Hoffmann 2009, S. 126f.).

Die sogenannte „Medikalisierung der Gesellschaft hat die Epoche des natürlichen Todes ihrem Ende zugeführt. Der westliche Mensch hat das Recht verloren, beim letzten Akt selbst Regie zu führen" (Illich 1975/1995, S. 149). Durch medizinische Verfahren wird die Steuerung des allerletzten Lebensabschnitts sichergestellt, das Sterben wird professionell verwaltet und ist arbeitsteilig organisiert (vgl. Dreßke 2005, S. 11). Schmerz und Krankheit werden im modernen Medizin-Betrieb abgetötet und eliminiert, der Mensch wird viel länger technisch am Leben gehalten, als es die Qualität seines Lebens eigentlich zulässt (vgl. Wittkowski 2003, S. 20). Die medizinische Lebensverlängerung geht also nicht mit einer Steigerung der Lebensqualität einher.

In einer repräsentativen Bevölkerungsbefragung fand der Psychologe Paul Baltes heraus, dass knapp drei Viertel der Interviewten auf die Frage: „Will man das Wie und Wann des eigenen Todes selbst bestimmen?" mit Zustimmung antworteten, wobei, auf die Altersklassen der Befragten bezogen, keine bemerkenswerten Unterschiede in der Beantwortung der Frage festzustellen war (vgl. Baltes 2007, S. 24f.). In eine vermeintlich völlig andere Richtung verweisen die Ergebnisse einer Studie, in der knapp 80% der Befragten lieber „plötzlich und unerwartet" sterben möchten, als „vorbereitet und bewusst" (vgl. Hoffmann 2011, S. 11ff.). Die beiden Untersuchungsergebnisse widersprechen sich aber nicht per se. Der relevante Punkt ist, dass die Menschen sich nicht vor dem Tod an sich fürchten, sondern vor dem Sterben, weil sie damit etwas Schlimmes in Verbindung bringen, nicht in einem langwierigen Prozess dahinsiechen möchten (vgl. Hoffmann 2011, S. 161f.). Somit lassen sich die unterschiedlichen Ergebnisse der beiden Befragungen in Einklang bringen. „Bewusst und vorbereitet" ja, aber nicht unter den Umständen die man mit den Institutionen Krankenhaus, Pflege- oder Altenheim verknüpft.

In der Bevölkerung ist scheinbar eine Angst vor dem langen, institutionalisierten Sterben verbreitet, was im folgenden Abschnitt, im Bezug auf die soziale Exklusion und das soziale Sterben im letzten Lebensabschnitt, weiter ausgeführt wird (vgl. ebenda, S. 163).

Laut Arthur Imhof sind wir weit davon entfernt, die mit der Institutionalisierung und Medikalisierung verbundenen Probleme zufriedenstellend gelöst zu haben. Würdiges Sterben ist aus seiner Sicht keine Frage der Bezahlbarkeit teurer Hightech-Medizin, sondern ein individuelles und persönliches Ereignis, das einer Vorbereitung bedarf, die lange vor der medizinischen Diagnose einer tödlichen Krankheit oder dem hohen Alter stattfinden muss (vgl. Imhof 1991, S. 161). Wie bereits zu Beginn der Arbeit aufgeführt, hat ein sicheres und langes Leben einen Preis, der unter anderem in der heutigen Art zu sterben mit einbegriffen ist.

5.2 Das Soziale Sterben

Bisher konnte herausgestellt werden, dass der Tod in Deutschland größtenteils in die Institutionen Krankenhaus, Pflege- und Altenheim ausgelagert wurde, wo die betroffenen Patienten von Ärzten und medizinischen Fachkräften versorgt werden, die jedoch „am Ideal der affektiv neutralen, funktional spezifischen medizinischen Versorgung orientiert sind" (Hahn/Hoffmann 2009, S. 122), also versuchen, den Patienten von kurativer Seite aus optimal zu versorgen, jedoch keine Zeit und Mittel für die Ängste, Gedanken und Sorgen der Sterbenden aufbringen können. Folglich sind in den Institutionen häufig Vereinsamte, in einer traurigen und seelisch schlechten Verfassung befindliche Menschen anzutreffen, die aufgrund körperlicher Einschränkungen oder fehlender familiärer Bindungen, nur sehr eingeschränkte soziale Kontakte aufweisen können (vgl. Stadié 1987, S. 108).

Wir erleben heute eine 20 bis 30 Jahre anhaltende Phase des sozialen Aufstiegs und, nach einer kurzen Konsolidierungsphase in der Lebensmitte, einen lange Phase des sozialen Abstiegs. Die Zeit des sozialen Vollstatus an der Gesamtlebenszeit ist damit im Vergleich zu früheren gesellschaftlichen Verhältnissen deutlich gesunken. Demnach ist das soziale Sterben, der Verlust der sozialen Anerkennung durch Andere, also ein typisches Problem moderner Gesellschaften (vgl. Feldmann 1998, S. 96ff.).

Die mit dem hohen Alter einhergehenden körperlichen Gebrechen sondern die Alten von den Jüngeren ab, lassen jene vereinsamen und isoliert zurück bleiben (vgl. Elias 1982/1984, S. 8f.). In den Institutionen bleibt den alten Menschen nur ein geringes Maß an Privatsphäre, so dass sich dort neue Beziehungen untereinander nur schlecht aufbauen lassen (vgl. Fischer 1976, S. 3.). Und das, obwohl auch noch sehr alte Menschen unterschiedliche Bedürfnisse, Wünsche, Hoffnungen und Ängste haben, denen über die physisch-medizinische Behandlung hinaus Beachtung geschenkt werden muss. Nur wenn eine umfangreiche Kommunikation mit den Älteren aufrecht erhalten wird, kann die Gefahr der sozialen Marginalisierung gering gehalten werden (vgl. Tesch-Römer/Andrick 2011, S. 106). Nicht zu leugnen ist zum

Beispiel, dass die Suizidrate im höheren Erwachsenenalter stark ansteigt, was wohl auf dem Wunsch basiert, „nicht mehr in einer als unverträglich und unveränderlich wahrgenommenen Situation leben zu wollen, die durch Schmerzen, Einsamkeit oder Angst bestimmt sein kann" (vgl. ebenda, S. 104).

Wer bereits in jüngeren Jahren keinen Partner, keine Verwandten und keine Freunde hat, der wird höchstwahrscheinlich auch im hohen Alter und im Sterben keine haben. Die Voraussetzungen und Bedingungen des Lebens im 21. Jahrhundert erschweren es darüber hinaus, aufgrund gut gefüllter Terminkalender und großer räumlicher Distanzen, Platz und Zeit für die hochaltrigen oder sterbenden Nahestehenden zu schaffen (vgl. Imhof 1991, S. 164f.). Der Besuch der abhängigen Alten wird zur moralischen Verpflichtung und geschieht womöglich eher aus Mitleid, als aus Freundschaft, Liebe oder um der Aufrechterhaltung früherer Beziehungen willen (vgl. Tews 1971/1979, S. 338).

Laut dem Soziologen David Sudnow tritt der soziale Tod in dem Augenblick ein, in dem die relevanten sozialen Attribute eines alten Menschen oder eines Patienten, wie zum Beispiel Kommunikation oder aktive Teilnahme am Leben, für den Umgang mit ihm keine Rolle mehr spielen, derjenige also bereits wie ein physisch Toter gehandhabt wird (vgl. Sudnow 1973, S. 98). Für andere Thanatologen, so zum Beispiel Klaus Feldmann, beginnt der Prozess des „sozialen Sterbens" bereits lange vor dem physischen Tod und vollzieht sich über viele Jahre hinweg ganz allmählich, zum Beispiel in Verbindung mit der gestiegenen „unproduktiven" Zeit nach dem Renteneintritt und dem Verlust oder der Reduktion von Familienrollen (vgl. Feldmann 1998, S. 94ff.). Man „stirbt sozial", weil die betroffenen Menschen realisieren, „dass sie nicht mehr der sind, der sie waren und vor allem, dass sie nun jemand sind, der sie nicht sein wollen" (Hoffmann 2011, S. 195).

Laut Klaus Feldmann ist für viele alte Menschen die Furcht vor der sozialen Marginalisierung größer als vor dem eigentlichen Tod. Wird ein Mensch beispielsweise aufgrund einer chronischen Krankheit zum Sterben in eine Klinik gebracht, so wird er nicht nur aus seinem Zuhause, sondern auch seinem gewohnten sozialen Umfeld gerissen, wodurch das soziale Sterben beschleunigt und das physische Sterben meist hinausgezögert wird, was nicht im Sinne einer Lebensverlängerung sein kann (vgl. Feldmann 1998, S. 101ff.).

Betrachtet man das Phänomen des sozialen Sterbens also im Hinblick auf die wachsende Zahl alter und hochaltriger Menschen wird schnell klar, dass es sich dabei um ein gravierendes Problem für die deutsche Gesellschaft des 21. Jahrhunderts handelt. Ein angemessener Umgang mit Sterbenden kann im heutigen Pflegealltag, aufgrund der oben genannten Gründe nicht realisiert werden, weshalb dringend nach Alternativen gesucht werden muss (vgl. Backes/Clemens 1998, S. 291). Welche Möglichkeiten es auch heute gibt, Menschen im „vierten Alter" würdig bis in den physischen Tod zu begleiten und welche Schritte auf dem Weg zu einem neuen und akzeptablen Umgang mit Sterbenden gemacht werden müssen, wird im Anschluss verdeutlicht.

5.3 Ein würdiger letzter Lebensabschnitt

Die Institutionalisierung des Todes ist ein bekanntes und häufig untersuchtes Problem, es scheint bis heute immer noch fast unmöglich „am Krankenhaus vorbei zu sterben" (Brüggen 2005, S. 220). Die gesuchte Alternative wäre demnach in einer Humanisierung des Krankenhauses zu finden, oder aber in einer alternativen Spezialeinrichtung, dem sogenannten Hospiz. Ein Produkt der Medizinkritik, das einen Gegensatz zur Apparatemedizin der typischen Institutionen des Alters bildet und sich hauptsächlich ideologisch von diesen abgrenzen lässt (vgl. Dreßke 2005, S. 12f.).

Der Ursprung der Hospize liegt im frühen Christentum verborgen, wo bereits Gasthäuser genutzt wurden, um schwer Erkrankten Unterkunft und Fürsorge zu gewähren (vgl. Graf 2011, S. 216). Wie bereits Matthias Hoffmann festgestellt hat, existieren heute keine Arbeiten zu den frühen Hospizen des Mittelalters, das Interesse der Öffentlichkeit für diese Einrichtungen wurde erst durch den erhöhten Technisierungsgrad und die zunehmende Unpersönlichkeit des späten 20. Jahrhunderts geweckt, wodurch es im Laufe der 1980er Jahre zu einer Gründungswelle stationärer Hospize in Europa gekommen ist (vgl. Hoffmann 2009, S. 549ff.).

Die modernen Hospize im europäischen Raum sind auf die Ärztin Ciceley Saunders zurückzuführen, die 1967 das erste Hospiz in England gründete und damit einen Platz geschaffen hat, an dem alten und sterbenden Patienten nicht nur palliative Medizin und Pflege entgegengebracht wird, sondern auch eine intensive soziale und psychologische Betreuung stattfinden kann (vgl. Graf 2011, S. 217). Im Zentrum der pflegerischen und medizinischen Arbeit der heutigen Hospize stehen die Würde, die Persönlichkeit und die Humanität der Patienten, die hier bis zum Schluss aufrecht erhalten werden (vgl. Dreßke 2005, S. 13). Schmerzen und Krankheitssymptome der Patienten behandelt und gelindert, allerdings nicht mit einem kurativen Anspruch, sondern frei nach dem Motto: „was dem Patienten nützt, ist richtig" (Göckenjahn/Dreßke 2005, S. 149). Das Ziel besteht darin, den meist alten Menschen eine Art neues Zuhause zu schaffen, eine vertraute Umgebung, in der sie bis zuletzt würdevoll in den Tod begleitet werden können (vgl. Graf 2011, S. 219).

Mit hospizlicher Betreuung muss nicht zwingend eine stationäre Einrichtung gemeint sein, sondern auch die ambulante Versorgung spielt eine große Rolle (vgl. Stähli 2010, S. 198), weshalb gerade das ehrenamtliche Engagement, zum Beispiel von jung gebliebenen Alten, eine wichtige Ressource für die hospizliche Arbeit, heute und in der Zukunft, sein kann.

Abschließend bleibt zu sagen, dass mit einer steigenden Zahl der zu pflegenden Personen in der nahen Zukunft mehr Geld für die Pflege aufgebracht werden muss und natürlich auch mehr Pflegende benötigt werden (vgl. Wiesli 2011, S. 187f.). Von daher muss neben einer umfangreichen finanziellen Unterstützung von staatlicher Seite auch gewährleistet werden, dass unterstützende Dienstleistungen durch ambulante Dienste den Alltag der pflegenden Angehörigen entlasten. Darüber hinaus müssen Kurse, Beratungsdienste und Selbsthilfegruppen angeboten werden, um die nötigen praktischen Fähigkeiten zu vermitteln, die es Familien und Angehörigen ermöglichen, den Umgang mit Älteren und Sterbenden zu erlernen. So könnte die wachsende Zahl Alter und Kranker besser durch die eigene Familie oder andere Angehörige aufgefangen werden (vgl. Jerábeck 2008, S. 154ff.), wenn vermieden werden soll, dass unser Lebensende mit einem verfrühten sozialen Tod einhergehen soll.

6. Fazit

Bereits mit Hilfe der zu Beginn der Arbeit aufgeführten erwarteten demographischen Veränderungen konnte verdeutlicht werden, dass die deutsche Gesellschaft in den kommenden Jahrzehnten einen immensen sozio-kulturellen Wandel zu verarbeiten haben wird. Die Zahl der jungen Menschen nimmt kontinuierlich ab, während die Zahl der alten Menschen stetig zunimmt. Die Wissenschaften und jeder Einzelne wird mit den Herausforderungen des Alters konfrontiert sein, wobei nicht nur die Probleme des höchsten Alters und dem Altern und Sterben in Würde und bei bestmöglicher physischer und psychischer Gesundheit gelöst werden müssen. In dieser Thematik findet diese Arbeit zwar ihren Abschluss, allerdings macht dies nur einen kleinen Teil der bevorstehenden Schwierigkeiten aus.

Es konnte herausgestellt werden, dass sich auf der einen Seite zwar eine klare Aktivierung und Verjüngung älterer Menschen feststellen lässt, auf der anderen Seite jedoch erfahren immer mehr Menschen im hohen oder „vierten Alter" die Grenzen körperlicher und geistiger Fähigkeiten (vgl. Kolland/Kahri 2004, S. 169).

Damit unsere Gesellschaft jedem Mitglied ein selbstbestimmtes und würdevolles Altern ermöglichen kann, muss es ein Umdenken in vielen verschiedenen Bereichen geben. Wie im vorigen Abschnitt gezeigt wurde, erfordert eine alternde Gesellschaft nicht nur eine Anpassung der Medizin, der Pflege und des Gesundheitssystems. In den ersten Kapiteln konnte aufgeführt werden, dass wir das Altern als einen ganzheitlichen Prozess betrachten müssen und uns von Unwahrheiten und Stereotypen des Alter(n)s distanzieren sollten, dem Alter eine Chance geben sollten, sich in einer von Jugendidealen geprägten Welt zu etablieren. Wir müssen das Alter schätzen lernen.

Darüber hinaus konnte gezeigt werden, dass auch Politik, Wirtschaft und Wissenschaften dazu aufgerufen sind, sich des Alters und der Alten anzunehmen und den „letzten Lebensabschnitt" in die Mitte der Gesellschaft zu tragen, indem zum Beispiel das Potential älterer Arbeitnehmer erkannt und besser genutzt wird, Bildung über die gesamte Lebensspanne verteilt ermöglicht wird und nicht nur auf erste Abschnitte des Lebens begrenzt bleibt und unsere Gesundheits- und Sozialsysteme besser an die modernen Lebensformen und Lebensstile angepasst werden.

Daran, dass unsere Gesellschaft altert, können wir so schnell nichts mehr ändern. Aber wie wir altern, dass liegt in der Hand jedes Einzelnen. Um die Arbeit mit den Worten von Ursula Lehr abzuschließen: „Es kommt nämlich nicht nur darauf an, wie alt wir werden, sondern wie wir alt werden. Es gilt nicht nur dem Leben Jahre zu geben, sondern den Jahren Leben zu geben" (Lehr 2011, S. 13).

7. Literaturverzeichnis

Amann, Anton (2004): Die großen Alterslügen. Generationenkrieg – Pflegechaos – Fortschrittsbremse? Wien/Köln/Weimar.

Amann, Anton / Kolland, Franz (2008): Kritische Sozialgerontologie – Konzeptionen und Aufgaben. In: Amann, Anton / Kolland, Franz (Hrsg.): Das erzwungene Paradies des Alters? Fragen an eine kritische Gerontologie. Wiesbaden. S. 13-44.

Amrhein, Ludwig / Backes, Gertrud M. (2007): Alter(n)sbilder und Diskurse des Alter(n)s. Anmerkungen zum Stand der Forschung. In: Zeitschrift für Gerontologie und Geriatrie. Nr. 40 (2), S. 104-111.

Backes, Gertrud M. (1998): Alternde Gesellschaft und Entwicklung des Sozialstaates. In: Clemens, Wolfgang / Backes, Getrud M. (Hrsg.): Altern und Gesellschaft. Gesellschaftliche Modernisierung durch Altersstrukturwandel. Opladen. S. 257-286.

Backes, Gertrud M. / Clemens, Wolfgang (1998): Lebensphase Alter. Eine Einführung in die sozialwissenschaftliche Alternsforschung. Weinheim/München.

Backes, Gertrud M. (2005): Alter(n) und Geschlecht: ein Thema mit Zukunft. In: APuZ. Aus Politik und Zeitgeschichte. Alter und Altern. Nr. 49-50/2005. Bundeszentrale für politische Bildung, Bonn. S. 31-38.

Baltes, Paul B. (2007): Alter(n) als Balanceakt: Im Schnittpunkt von Fortschritt und Würde. In: Gruss, Peter (Hrsg.): Die Zukunft des Alterns. Die Antwort der Wissenschaft. München. S. 15-34.

Bastian, Rolf / Tenckhoff, Jürgen (2010): Höhere Altersakzeptanz reduziert Risiken. In: Frankfurter Allgemeine Zeitung. Montag, 12. Juli 2010, Nr. 158, S. 12.

Bätz, Kurt / Iber, Gerhard / Middel, Klaus (1976): Der Mensch im Alter: Einführung, Medien-Analysen, Text- und Bildmedien. Freiburg i. Br.

Beck-Gernsheim, Elisabeth (1993): Apparate pflegen nicht. Zur Zukunft des Alters. In: Klose, Hans-Ulrich (Hrsg.): Altern der Gesellschaft. Antworten auf den demographischen Wandel. Köln. S. 258-279.

Beise, Marc (2010): Später alt werden. In: Süddeutsche Zeitung, 10. Juli 2010, S. 23.

Bergheim, Stefan (2004): Die demographische Herausforderung annehmen. Längeres und produktiveres Arbeiten ermöglichen. In: Speich, Mark u.a. (Hrsg.): Gesellschaft ohne Zukunft? Bevölkerungsrückgang und Überalterung als politische Herausforderung. Gedanken zur Zukunft 12. Bad Homburg v.d. Höhe. S. 40-47.

Bergmann, Anna (2004): Der entseelte Patient. Die moderne Medizin und der Tod. Berlin.

Bernard, Andreas (2010): Die neuen Werbe-Rentner. Demographischer Wandel am Beispiel der TV-Zielgruppen. In: Süddeutsche Zeitung – Bayern, 21. Juni 2010. S. 15.

Birg, Herwig (2004): Soziale Auswirkungen der demographischen Entwicklung. In: Informationen zur politischen Bildung. Bevölkerungsentwicklung. Nr. 282, 01/2004. Bundeszentrale für politische Bildung, Bonn. S. 35-46.

Blüher, Stefan (2004): „Liebesdienst und Pflegedienst" – theoretische Überlegungen und empirische Befunde zur Vergesellschaftung in häuslichen Pflegearrangements. In: Blüher, Stefan / Stosberg, Manfred (Hrsg.): Neue Vergesellschaftungsformen des Alter(n)s. Alter(n) und Gesellschaft Band 9. Wiesbaden. S. 11-51.

Börsch-Supan, Axel (2009): Die Auswirkungen des demografischen Wandels auf die wirtschaftliche Entwicklung Deutschlands. In: Döring, Diether / Kroker, Eduard J.M. (Hrsg.): Königsteiner Forum 2008 – Alter und Gesellschaft. Frankfurt a.M. S. 49-63.

Braun, Hans (1973): Erfahrung des Alterns und Alterserwartung: Die letzte Phase des Arbeitslebens. In: Konrad Adenauer Stiftung – Politische Akademie Eichholz (Hrsg.) Anpassung oder Integration? Zur gesellschaftlichen Situation älterer Menschen. Bonn. S. 56-64.

Braun, Hans (1992): Alter als gesellschaftliche Herausforderung. In: Zsifkovitz, Valentin / Kimminich, Otto / Klose, Alfred (Hrsg.): Soziale Perspektiven, Band 7. Regensburg.

Brüggen, Susanne (2005): Letzte Ratschläge. Der Tod als Problem für Soziologie, Ratgeberliteratur und Expertenwissen. Wiesbaden.

Bührer, Werner (2010): Von der Zukunft des Sozialstaates. In: Süddeutsche Zeitung. 21. August 2010, S. 30.

Carlson, Rick J. (1975): The End of Medicine. New York u.a.

Clemens, Wolfgang (2004): Lebenslage und Lebensführung im Alter – zwei Seiten einer Medaille? In: Backes, Gertrud M. / Clemens, Wolfgang / Künemund, Harald (Hrsg.): Lebensformen und Lebensführung im Alter. Wiesbaden. S. 43-58.

Clemens, Wolfgang (2008): Zu früh in die „Späte Freiheit"? – Ältere Arbeitnehmer im gesellschaftlichen und demografischen Wandel. In: Amann, Anton / Kolland, Franz (Hrsg.): Das erzwungene Paradies des Alters? Fragen an eine kritische Gerontologie. Wiesbaden. S. 101-119.

Deckstein, Dagmar / Haas, Sibylle / Läsker, Kristina (2010): Generation 50 plus. In: Süddeutsche Zeitung. 18. Dezember 2010, S. 38.

Degele, Nina (2008): Schöner Altern. Altershandeln zwischen Verdrängung, Resonanzen und Solidaritäten. In: Buchen, Sylvia / Maier, Maja S. (Hrsg.): Älterwerden neu denken. Interdisziplinäre Perspektiven auf den demografischen Wandel. Wiesbaden. S. 165-180.

Dreßke, Stefan (2005): Sterben im Hospiz. Der Alltag in einer alternativen Pflegeeinrichtung. Frankfurt/New York.

Elias, Norbert (1982/1984): Über die Einsamkeit der Sterbenden in unseren Tagen. Frankfurt a.M.

Engstler, Heribert (2006): Erwerbsbeteiligung in der zweiten Lebenshälfte und der Übergang in den Ruhestand. In: Tesch-Römer, Clemens / Engstler, Heribert / Wurm, Susanne (Hrsg.): Altwerden in Deutschland. Sozialer Wandel und individuelle Entwicklung in der zweiten Lebenshälfte. Wiesbaden. S. 85-154.

Euripides (1981): Sämtliche Tragödien und Fragmente: griechisch-deutsch. Herausgegeben und übersetzt von Wolfgang Adolf Seeck. München.

Feldmann, Klaus (1998): Physisches und soziales Sterben. In: Becker, Ulrich / Feldmann, Klaus / Johannsen, Friedrich (Hrsg.): Sterben und Tod in Europa. Neukirchen-Fluyn. S. 94-108.

Filipp, Sigrun-Heide / Mayer, Anne-Kathrin (2005): Zur Bedeutung von Altersstereotypen. In: APuZ. Aus Politik und Zeitgeschichte. Alter und Altern. Nr. 49-50/2005. Bundeszentrale für politische Bildung, Bonn. S. 25-31.

Fischer, Lorenz (1976): Die Wirkungen der Institutionalisierung auf das Selbstbild alter Menschen. Köln/Wien.

Frerichs, Frerich / Naegele, Gerhard (1998): Strukturwandel des Alters und Arbeitsmarktentwicklung – Perspektiven der Alterserwerbsarbeit im demographischen und wirtschaftsstrukturellen Wandel. In: Clemens, Wolfgang / Backes, Gertrud M. (Hrsg.): Altern und Gesellschaft. Gesellschaftliche Modernisierung durch Altersstrukturwandel. Opladen. S. 237-256.

Frisch, Max (1957/1977): Homo faber. Ein Bericht. Frankfurt a.M.

Gesellschaft für Sozialen Fortschritt e.V. (1964): Die Situation der alten Menschen. Bericht eines Ausschusses der Gesellschaft für Sozialen Fortschritt über die Situation in der Bundesrepublik Deutschland erstellt für den Kongreß der Internationalen Vereinigung für Sozialen Fortschritt 1964 in Bordeaux. Bonn.

Göckenjahn, Gerd / Dreßke, Stefan (2005): Sterben in der Palliativversorgung. Bedeutungen und Chancen finaler Aushandlung. In: Knoblauch, Hubert / Zingerle, Arnold (Hrsg.): Thanatosoziologie. Tod, Hospiz und die Institutionalisierung des Sterbens. Band 27. Berlin. S. 147-168.

Graf, Gerda (2011): Hochbetagte in der Heimsituation. In: Petzold, Hilarion G. / Horn, Erika / Müller, Lotti (Hrsg.): Hochaltrigkeit. Herausforderung für persönliche Lebensführung und biopsychosoziale Arbeit. Wiesbaden. S. 211-223.

Gronemeyer, Reimer (2005): Hospiz, Hospizbewegung und Palliative Care in Europa. In: Knoblauch, Hubert / Zingerle, Arnold (Hrsg.): Thanatosoziologie. Tod, Hospiz und die Institutionalisierung des Sterbens. Band 27. Berlin. S. 207-217.

Hahn, Alois (1968): Einstellungen zum Tod und ihre soziale Bedingtheit. Eine soziologische Untersuchung. Stuttgart.

Hahn, Alois / Hoffmann, Matthias (2009): Tod und Sterben als soziales Ereignis. In: Klinger, Cornelia (Hrsg.): Perspektiven des Todes in der modernen Gesellschaft. Wiener Reihe: Themen der Philosophie. Oldenburg, S.121-145.

Helfferich, Cornelia (2008): Alles beim Alten? Wie der demografische Wandel Lebenslaufmuster von Frauen und Männern morgen und das Alter übermorgen beeinflusst. In: Buchen, Sylvia / Maier, Maja S. (Hrsg.): Älterwerden neu denken. Interdisziplinäre Perspektiven auf den demografischen Wandel. Wiesbaden. S. 31-46.

Heydebreck, Tessen (2009): Der demografische Wandel und die Personalpolitik der Unternehmen. In: Döring, Diether / Kroker, Eduard J.M. (Hrsg.): Königsteiner Forum 2008 – Alter und Gesellschaft. Frankfurt a.M. S. 85-100.

Höll, Susanne (2010): „Es kann gefährlich werden". In: Süddeutsche Zeitung, 27. Mai 2010, München. S. 6.

Hoff, Andreas (2006): Intergenerationale Familienbeziehungen im Wandel. In: Tesch-Römer, Clemens / Engstler, Heribert / Wurm, Susanne (Hrsg.): Altwerden in Deutschland. Sozialer Wandel und individuelle Entwicklung in der zweiten Lebenshälfte. Wiesbaden. S. 231-288.

Hoffmann, Matthias (2011): „Sterben? Am liebsten plötzlich und unerwartet". Die Angst vor dem „sozialen Sterben." Wiesbaden.

Holger, Paul (2010): Frühwarnsysteme für ein angenehmeres Altwerden. In: Frankfurter Allgemeine Zeitung, 23. August 2010, Nr. 194. S. 12.

Illich, Ivan (1975/1995): Die Nemesis der Medizin. Die Kritik der Medikalisierung des Lebens. [Aus d. Engl.]. 4., überarbeitete und ergänzte Auflage. München.

Imhof, Arthur E. (1991): Ars moriendi: die Kunst des Sterbens einst und heute. Kulturstudien Band 22. Wien/Köln/Böhlau.

Jerábeck, Hynek (2008): Familiäre Altenpflege als Beispiel des sozialen Zusammenhalts. In: Amann, Anton / Kolland, Franz (Hrsg.): Das erzwungene Paradies des Alters? Fragen an eine kritische Gerontologie. Wiesbaden. S. 137-161.

Kerschbaumer, Judith / Räder, Evelyn (2008): In Arbeit bleiben – wieder in Beschäftigung kommen. In: APuZ. Aus Politik und Zeitgeschichte. Ältere: Gesellschaftliches Potential! Nr. 18-19/2008. Bundeszentrale für politische Bildung, Bonn. S. 30-39.

Kocka, Jürgen (2008a): Chancen und Herausforderungen einer alternden Gesellschaft. In: Staudinger, Ursula M. / Häfner, Heinz (Hrsg.), Was ist Alter(n)? Neue Antworten auf eine scheinbar einfache Frage. Schriften der Mathematisch-naturwissenschaftlichen Klasse der Heidelberger Akademie der Wissenschaften. Heidelberg. Nummer 18, S. 217-236.

Kocka, Jürgen (2008b): Alternde Gesellschaften oder Die gewonnenen Jahre. In: NG/FH – Neue Gesellschaft Frankfurter Hefte (Hrsg.): Der neue Kapitalismus. Heft 9/2008. S. 4-8.

Kocka, Jürgen / Staudinger, Ursula (Hrsg.) (2009): Altern in Deutschland Band 9. Gewonnene Jahre - Empfehlungen der Akademiegruppe Altern in Deutschland. In: zur Hausen, Harald (Hrsg.): Nova Acta Leopoldina. Abhandlungen der Deutschen Akademie der Naturforscher Leopoldina, Nummer 371, Band 107. Halle a.d. Saale.

Kolland, Franz / Kahri, Silvia (2004): Kultur und Kreativität im späten Leben. In: Backes, Gertrud M. / Clemens, Wolfgang / Künemund, Harald (Hrsg.): Lebensformen und Lebensführung im Alter. Wiesbaden. S. 151-172.

Kricheldorff, Cornelia (2008): Neue Wohnformen und gemeinschaftliches Wohnen im Alter. In: Buchen, Sylvia / Maier, Maja S. (Hrsg.): Älterwerden neu denken. Interdisziplinäre Perspektiven auf den demografischen Wandel. Wiesbaden. S. 237-247.

Krohn, Philipp (2010): Das Alter soll keine Angst mehr machen. In: Frankfurter Allgemeine Zeitung. 30. August 2010, Nr. 200. S. 12.

Kroll, Lars Eric (2010): Sozialer Wandel, soziale Ungleichheit und Gesundheit. Die Entwicklung sozialer und gesundheitlicher Ungleichheiten in Deutschland zwischen 1984 und 2006. Wiesbaden.

Kruse, Andreas / Schmitt, Eric (2005): Zur Veränderung des Altersbildes in Deutschland. In: APuZ. Aus Politik und Zeitgeschichte. Alter und Altern. Nr. 49-50/2005. Bundeszentrale für politische Bildung, Bonn. S. 9-17.

Lehr, Ursula (2011): Zum Geleit. Langlebigkeit – Herausforderung und Chance in einer Gesellschaft des langen Lebens. In: Petzold, Hilarion G. / Horn, Erika / Müller, Lotti (Hrsg.): Hochaltrigkeit. Herausforderung für persönliche Lebensführung und biopsychosoziale Arbeit. Wiesbaden. S. 13-20.

Lindenberger, Ulman (2007): Technologie im Alter: Chancen aus Sicht der Verhaltenswissenschaften. In: Gruss, Peter (Hrsg.): Die Zukunft des Alterns. Die Antwort der Wissenschaft. München. S. 220-239.

Mackroth, Petra / Ristau, Malte (1993): Die Älteren als dynamischer Faktor. Handlungspotentiale und gesellschaftliche Interessen. In: Klose, Hans-Ulrich (Hrsg.): Altern der Gesellschaft. Antworten auf den demographischen Wandel. Köln. S. 280-307.

Maier, Maja S. (2008): Familien, Freundschaften, Netzwerke. Zur Zukunft persönlicher Unterstützungsbeziehungen. In: Buchen, Sylvia / Maier, Maja S. (Hrsg.): Älterwerden neu denken. Interdisziplinäre Perspektiven auf den demografischen Wandel. Wiesbaden. S. 219-235.

Mathar, Thomas (2010): Der digitale Patient. Zu den Konsequenzen eines technowissenschaftlichen Gesundheitssystems. Perspektiven empirischer Wissenschaftsforschung, Band 10. Bielefeld.

Mollenkopf, Heidrun (1998): Altern in technisierten Gesellschaften. In: Clemens, Wolfgang / Backes, Gertrud M. (Hrsg.): Altern und Gesellschaft. Gesellschaftliche Modernisierung durch Altersstrukturwandel. Opladen. S. 217-236.

Mollenkopf, Heidrun / Kaspar, Roman (2004): Technisierte Umwelten als Handlungs- und Erlebensräume älterer Menschen. In: Backes, Gertrud M. / Clemens, Wolfgang / Künemund, Harald (Hrsg.): Lebensformen und Lebensführung im Alter. Wiesbaden. S. 193-221.

Montagu, Ashley (1984): Zum Kind reifen. [Aus d. Amerik.]. Stuttgart.

Nölle, Volker (1997): Vom Umgang mit Verstorbenen: eine mikrosoziologische Erklärung des Bestattungsverhaltens. Europäische Hochschulschriften: Reihe 22, Soziologie, Band 302. Frankfurt a.M. u.a.

Opaschowski, Horst / Reinhardt, Ulrich (2007): Altersträume. Illusion und Wirklichkeit. Darmstadt.

Pohlmann, Stefan (2004): Das Alter im Spiegel der Gesellschaft. Idstein.

Polis / Gesellschaft für Politik- und Sozialforschung mbH (Hrsg.) (2005): Alternde Gesellschaft. Ergebnisse einer Repräsentativerhebung im Auftrag des Presse- und Informationsamtes der Bundesregierung. München.

Prinzinger, Roland (2009): Der programmierte Tod. In welchem Takt tickt unsere Alter(n)s-Uhr? In: Döring, Diether / Kroker, Eduard J. M. (Hrsg.): Königsteiner Forum 2008 – Alter und Gesellschaft. Frankfurt a.M. S. 117-142.

Reichert, Andreas (2001): Neue Determinanten sozialer Ungleichheit. Eine soziologische Analyse zur Bedeutung technischer Kompetenz in einer alternden Gesellschaft. Berlin.

Roloff, Juliane (2004): Die alternde Gesellschaft - Ausmaß, Ursachen und Konsequenzen. In: Breit, Gotthard (Hrsg.): Die alternde Gesellschaft. Politische Bildung, Beiträge zur wissenschaftlichen Grundlegung und zur Unterrichtspraxis. Jg. 37, Heft 4/2004. S. 9-30.

Rosenberg, Peter (1987): Soziale Sicherung bei demographischem Wandel: Alternative Thesen. In: Deutsches Zentrum für Altersfragen (Hrsg.): Die ergraute Gesellschaft. Beiträge zur Gerontologie und Altenarbeit, Band 71. Berlin. S. 220-230.

Rosenmayr, Leopold (1987): Altsein im 21. Jahrhundert (Ein Versuch, über Zukunft zu spekulieren). In: Deutsches Zentrum für Altersfragen (Hrsg.): Die ergraute Gesellschaft. Beiträge zur Gerontologie und Altenarbeit, Band 71. Berlin. S. 460-485.

Rothermund, Klaus (2009): Altersstereotype – Struktur, Auswirkungen, Dynamiken. In: zur Hausen, Harald (Hrsg.): Nova Acta Leopoldina. Abhandlungen der Deutschen Akademie der Naturforscher Leopoldina, Nummer 363, Band 99. Halle a.d. Saale. S. 139-149.

Schachtner, Christel (1987): Wie sich alte Menschen ihr Leben wünschen. Ergebnisse einer Umfrage. In: Deutsches Zentrum für Altersfragen (Hrsg.): Die ergraute Gesellschaft. Beiträge zur Gerontologie und Altenarbeit, Band 71. Berlin. S. 387-404.

Scharper, Klaus (2008): Die soziale Sicherung alter Menschen in Deutschland. In: Thieme, Frank (2008): Alter(n) in der alternden Gesellschaft. Eine soziologische Einführung in die Wissenschaft vom Alter(n). Wiesbaden. S. 115-158.

Schirrmacher, Frank (2004a): Das Methusalem-Komplott, 8. Auflage. München.

Schirrmacher, Frank (2004b): Die Revolution der Hundertjährigen. Warum wir unser Alter neu erfinden müssen. In: Der Spiegel, 12/2004. S. 78-84.

Schmassmann, Hector (2006): Alter und Gesellschaft. Eine Analyse von Alternsprozessen unter dem Aspekt sozialer Netzwerke. Basel.

Schmid, Günther / Hartlapp, Miriam (2008): Aktives Altern in Europa. In: APuZ. Aus Politik und Zeitgeschichte. Ältere: Gesellschaftliches Potential! Nr. 18-19/2008. Bundeszentrale für politische Bildung, Bonn. S. 6-15.

Schmitz-Scherzer, Reinhard (1973): Der ältere Arbeitnehmer. In: Konrad Adenauer Stiftung – Politische Akademie Eichholz (Hrsg.) Anpassung oder Integration? Zur gesellschaftlichen Situation älterer Menschen. Bonn. S. 65-68.

Schrep, Bruno (2008): Hoffnung trotz Jugendwahn. In: APuZ. Aus Politik und Zeitgeschichte. Ältere: Gesellschaftliches Potential! Nr. 18-19/2008. Bundeszentrale für politische Bildung, Bonn. S. 3-4.

Schroeter, Klaus R. (2008): Verwirklichung des Alterns. In: Amann, Anton / Kolland, Franz (Hrsg.): Das erzwungene Paradies des Alters? Fragen an eine kritische Gerontologie. Wiesbaden. S. 235-271.

Schweppe, Cornelia (1999): Biographie und Alter. Ein Thema für die Sozialpädagogik? In: Neue Praxis. Heft 6/1999. S. 575-594.

Seidl, Claudius (2005a): Schöne junge Welt. Warum wir nicht mehr älter werden. 2. Auflage. München.

Seidl, Claudius (2005b): Warum wir nicht mehr älter werden. In: APuZ. Aus Politik und Zeitgeschichte. Alter und Altern. Nr. 49-50/2005. Bundeszentrale für politische Bildung, Bonn. S. 3-9.

Seifert, Hartmut (2008): Alternsgerechte Arbeitszeiten. In: APuZ. Aus Politik und Zeitgeschichte. Ältere: Gesellschaftliches Potential! Nr. 18-19/2008. Bundeszentrale für politische Bildung, Bonn. S. 23-30.

Simitis, Spiros (2009): Altersdiskriminierung oder die veränderte Wahrnehmung des Alters. In: Döring, Diether / Kroker, Eduard J.M. (Hrsg.): Königsteiner Forum 2008 – Alter und Gesellschaft. Frankfurt a.M. S. 101-116.

Stadié, Rolf (1987): Altsein zwischen Integration und Isolation. Empirische Ergebnisse zur Lebenssituation und Befindlichkeit alter Menschen. Melle.

Stähli, Andreas (2010): Antike philosophische ARS MORIENDI und ihre Gegenwart in der Hospizpraxis. Münsteraner Philosophische Schriften, Band 12. Münster.

Statistische Ämter des Bundes und der Länder (Hrsg.) (2007): Demographischer Wandel. Bevölkerungs- und Haushaltsentwicklung im Bund und in den Ländern. Heft 1 2007. Wiesbaden.

Statistisches Bundesamt (Hrsg.) (2006): 11. Koordinierte Bevölkerungsvorausberechnung. Annahmen und Ergebnisse. Wiesbaden.

Staudinger, Ursula M. (2009): Zukunft des Alter(n)s. In: Döring, Diether / Kroker, Eduard J.M. (Hrsg.): Königsteiner Forum 2008 – Alter und Gesellschaft. Frankfurt a.M. S. 143-160.

Sudnow, David (1973): Organisiertes Sterben. Eine soziologische Untersuchung. Frankfurt.

Tesch-Römer, Clemens u.a. (2006): Der Alterssurvey: Beobachtung gesellschaftlichen Wandels und Analyse individueller Veränderungen. In: Tesch-Römer, Clemens / Engstler, Heribert / Wurm, Susanne (Hrsg.): Altwerden in Deutschland. Sozialer Wandel und individuelle Entwicklung in der zweiten Lebenshälfte. Wiesbaden. S. 11-46.

Tesch-Römer, Clemens / Engstler, Heribert / Wurm, Susanne (Hrsg.) (2006): Altwerden in Deutschland. Sozialer Wandel und individuelle Entwicklung in der zweiten Lebenshälfte. Wiesbaden.

Tesch-Römer, Clemens / Andrick, Rebecka (2011): Alter und Altern. Erfurt.

Tews, Hans Peter (1971/1979): Soziologie des Alterns. 3. neu bearbeitete und erweiterte Auflage. Heidelberg.

Thieme, Frank (2008): Alter(n) in der alternden Gesellschaft. Eine soziologische Einführung in die Wissenschaft vom Alter(n). Wiesbaden.

Thimm, Caja (2009): Altersbilder in den Medien – Zwischen medialem Zerrbild und Zukunftsprojektion. In: zur Hausen, Harald (Hrsg.): Nova Acta Leopoldina. Abhandlungen der Deutschen Akademie der Naturforscher Leopoldina, Nummer 363, Band 99. Halle a.d. Saale. S. 153-165.

Thönnes, Franz (2007): Potenziale des Alters am Arbeitsmarkt. In: Friedrich Ebert Stiftung (Hrsg.): Antworten für eine alternde Gesellschaft. Abschnitt 2, S. 1-20.

Tokarski, Walter (1989): Freizeit- und Lebensstile älterer Menschen. In: Schmitz-Scherzer, Reinhard / Tokarski, Walter (Hrsg.): Kasseler Gerontologische Schriften, Band 10.

Tokarski, Walter (1998): Alterswandel und veränderte Lebensstile. In: Clemens, Wolfgang / Backes, Gertrud M. (Hrsg.): Altern und Gesellschaft. Gesellschaftliche Modernisierung durch Altersstrukturwandel. Opladen. S. 109-119.

Trauthig, Julian (2010): Neue alte Waschmaschine. In: Frankfurter Allgemeine Zeitung, 17. September 2010, Nr. 216. S. 17.

van Dyk, Silke / Lessenich, Stephan (2009): „Junge Alte":Vom Aufstieg und Wandel einer Sozialfigur. In: van Dyk, Silke / Lessenich, Stephan (Hrsg.): Die Jungen Alten. Analysen einer neuen Sozialfigur. Frankfurt/New York. S. 11-48.

Vaskovics, Laszlo (2004): Neue Institutionalisierung der Lebensgestaltung von Hochaltrigen. In: Blüher, Stefan / Stosberg, Manfred (Hrsg.): Neue Vergesellschaftungsformen des Alter(n)s. Alter(n) und Gesellschaft, Band 9. Wiesbaden. S. 167-182.

Vaupel, James W. / von Kistowski, Kristin G. (2007): Die Plastizität menschlicher Lebenserwartung und ihre Konsequenzen. In: Gruss, Peter (Hrsg.): Die Zukunft des Alterns. Die Antwort der Wissenschaft. München. S. 51-78.

Wagner-Hasel, Beate (2009): Altersbilder in der Antike. In: zur Hausen, Harald (Hrsg.): Nova Acta Leopoldina. Abhandlungen der Deutschen Akademie der Naturforscher Leopoldina, Nummer 363, Band 99. Halle a.d. Saale. S. 25-47.

Walwei, Ulrich (2009): Arbeiten ohne Ende? Perspektiven der Erwerbstätigkeit in einer älter werdenden Gesellschaft. In: Döring, Diether / Kroker, Eduard J.M. (Hrsg.): Königsteiner Forum 2008 – Alter und Gesellschaft. Frankfurt a.M. S. 65-84.

Wilde, Oscar (1921/2008): Das Bildnis des Dorian Grey. [Aus d. Engl.]. Neu gesetzte und überarbeitete Ausgabe. Wiesbaden.

Wiesli, Ursula (2011): Hochbetagte Menschen zuhause – pflegen, begleiten und betreuen. In: Petzold, Hilarion G. / Horn, Erika / Müller, Lotti (Hrsg.): Hochaltrigkeit. Herausforderung für persönliche Lebensführung und biopsychosoziale Arbeit. Wiesbaden. S. 187-209.

Wiesner, Gisela (1999): Unfreiwillig in den vorzeitigen Ruhestand. In: Lenz, Karl / Rudolph, Martin / Sickendiek, Ursel (Hrsg.): Die alternde Gesellschaft. Problemfelder gesellschaftlichen Umgangs mit Altern und Alter. München/Weinheim. S. 233-246.

Wittkowski, Joachim (Hrsg.) (2003): Sterben, Tod und Trauer. Grundlagen, Methoden, Anwendungsfelder. Stuttgart.

Zeh, Jürgen (1973): Wünsche und Probleme der älteren Generation – Ergebnisse von Meinungsbefragungen. In: Konrad Adenauer Stiftung – Politische Akademie Eichholz (Hrsg.): Anpassung oder Integration? Zur gesellschaftlichen Situation älterer Menschen. Bonn. S. 51-56.